Lippe/Esemann/Tänzer (Hrsg.) · Privatkundengeschäft

Praxis
für Bankkaufleute

Die Bücher der Reihe Praxis für Bankkaufleute richten sich an auszubildende Bankkaufleute und Mitarbeiter in Kreditinstituten, die Kenntnisse und Erfahrungen aus der Beratungspraxis erwerben oder vertiefen möchten. Sie helfen bei der Umsetzung theoretischer Inhalte in die tägliche Praxis und bieten mit ihren Themen einen kundenorientierten Leitfaden für die immer wichtiger werdende Beratungsleistung in Banken.

Bisher erschienener Titel:

Privatkundengeschäft
hrsg. von Gerhard Lippe, Jörn Esemann
und Thomas Tänzer

Weitere Titel sind in Vorbereitung.

Gerhard Lippe/Jörn Esemann/
Thomas Tänzer (Hrsg.)

Privatkundengeschäft

Exemplarische Fälle mit Lösungen
für die kundenorientierte Aus- und
Weiterbildung

Erarbeitet von

Martina Esemann
Martina Gruske
Katja Kip
Mario Tietz

Die Deutsche Bibliothek – CIP-Einheitsaufnahme
Ein Titeldatensatz für diese Publikation ist bei
Der Deutschen Bibliothek erhältlich

1. Auflage Januar 2001

Alle Rechte vorbehalten

© Betriebswirtschaftlicher Verlag Dr. Th. Gabler GmbH, Wiesbaden 2001

Der Gabler Verlag ist ein Unternehmen der Fachverlagsgruppe BertelsmannSpringer.

Das Werk einschließlich aller seiner Teile ist urheberrechtlich geschützt. Jede Verwertung in anderen als den gesetzlich zugelassenen Fällen bedarf deshalb der vorherigen schriftlichen Einwilligung des Verlages.

www.gabler.de

Höchste inhaltliche und technische Qualität unserer Produkte ist unser Ziel. Bei der Produktion und Verbreitung unserer Bücher wollen wir die Umwelt schonen. Dieses Buch ist deshalb auf säurefreiem und chlorfrei gebleichtem Papier gedruckt. Die Einschweißfolie besteht aus Polyäthylen und damit aus organischen Grundstoffen, die weder bei der Herstellung noch bei der Verbrennung Schadstoffe freisetzen.

Die Wiedergabe von Gebrauchsnamen, Handelsnamen, Warenbezeichnungen usw. in diesem Werk berechtigt auch ohne besondere Kennzeichnung nicht zu der Annahme, dass solche Namen im Sinne der Warenzeichen- und Markenschutz-Gesetzgebung als frei zu betrachten wären und daher von jedermann benutzt werden dürften.

ISBN 978-3-409-11749-4   ISBN 978-3-663-05989-9 (eBook)
DOI 10.1007/978-3-663-05989-9

Vorwort

Vier Begriffe prägen dieses Buch:
- Praxis
- Banken
- Privatkunden
- Geschäft.

Was ist damit gemeint?

Dies ist ein Buch von Praktikern des Beratens und Verkaufens in Kreditinstituten für Praktiker. Wir gehen davon aus, dass Sie als Auszubildender oder Mitarbeiter einer Bank oder Sparkasse erste Beratungs- und Verkaufserfahrungen im Privatkundengeschäft besitzen. Vielleicht sind Sie Berufsanfänger, vielleicht haben Sie aber auch an anderer Stelle in Ihrem Hause Berufserfahrungen gesammelt und stellen sich nun auf eine neue Aufgabe im Markt ein. Oder Sie bereiten sich auf das Prüfungsfach „Kundenberatung" in der Abschlussprüfung zum Bankkaufmann vor.

Das vor Ihnen liegende Buch setzt Kenntnisse voraus. Diese Kenntnisse beziehen sich auf Geschäfte, die in Banken und Sparkassen abgeschlossen werden. Vielleicht lernen Sie mit unserem Standardwerk „Das Wissen für Bankkaufleute" und suchen nun nach dem Transfer, der Übertragung in die Praxis. Dieses Buch orientiert sich an der Praxis. Es hilft Ihnen, Kenntnisse und Erfahrungen zu erwerben und zu vertiefen, die Sie benötigen um Ihre Kunden zu beraten und Bankprodukte zu verkaufen. Es orientiert sich an einer Kundengruppe, den Privatkunden.

Diese Zielgruppenbestimmung ist bedeutsam, da Ihre Bank oder Sparkasse für Individualkunden und Firmenkunden andere Produkte bereithält und Sie diese Kunden auf andere Weise sowie in andere Richtung beraten als die Gruppe der Privatkunden. Außerdem haben sich Banken und Sparkassen auch hinsichtlich ihrer Organisation meist zielgruppenorientiert aufgestellt. Sie, als Berater, betreuen lediglich Kunden in einem dieser drei Segmente.

Dies ist wichtig, damit Sie die Bedürfnisse Ihrer Kunden und die Interessenlage Ihres Kreditinstitutes in die Beratung und den Geschäftsabschluß einbringen können. Das Privatkundengeschäft ist zunehmend ein Geschäftszweig mit (durchaus intelligenten) Standardlösungen. Dennoch bleibt genügend Raum für Ihre Kreativität als Berater, sei es in der vertieften Nutzung eines Produktes für Ihren Kunden oder in der ganzheitlichen Betrachtung des Kunden, seiner Bedürfnisse und der Lösungen, die Ihre Bank oder Sparkasse dafür bietet.

Eine qualifizierte Beratung ist im Filialbanking, im persönlichen Kontakt mit dem Kunden, Grundvoraussetzung für den Geschäftserfolg. Die Bedeutung der Beratung wird durch Online-Banking nicht entscheidend abnehmen. Es ist heute klar erkennbar, dass der Privatkunde - wenn es „den" Kunden überhaupt gibt - sich *nicht entweder* für persönliche Betreuung *oder* für den elektronischen Weg entscheidet. Vielmehr ist anzunehmen, dass achtzig Prozent der Kunden mehrere Vertriebskanäle der Banken parallel nutzen werden. Umso wichtiger wird Ihre Rolle als „Beziehungsmanager" für Ihren Kunden.

Die Beratung muss vom Aufwand und Nutzen für beide Beteiligte dem abzuschließenden Geschäft gerecht werden. Je nach Produkt unterscheidet sich der Schwierigkeitsgrad der Beratung. Beratung ist ein Prozess, der guter Vorbereitung bedarf, Informationen nutzt, die Informationsbasis verbreitert und absichert, den Kundennutzen und den Nutzen für die Bank berücksichtigt und ein Ziel verfolgt: den Geschäftsabschluß.

Viele Kundenberater verstehen sich auf die Beratung, scheuen aber die konsequente Hinführung des Kunden zum Abschluss. Unsere Fälle sind ziel-, also abschlussorientiert aufgebaut. Bedenken Sie bitte: Auch der Kunde will im Regelfall das Geschäft abschließen, deshalb kommt er zu Ihnen! Wenn dem Kundeninteresse mit mehreren Alternativen Rechnung getragen werden kann, wird die strategische Ausrichtung Ihres Hauses den Ausschlag geben.

Praxisorientierung heißt Fallorientierung. Wir haben für Sie eine Reihe von praxisorientierten Fällen zusammengestellt. Diese Fälle kommen in der Praxis häufig vor. Sie sind so angelegt, dass Ihr Blick auf diejenigen Informationen gelenkt wird, die Ihr Kunde Ihnen gibt bzw. die Sie benötigen, um den Kunden erfolgreich zu beraten.

Verkaufen von Bankprodukten ist in aller Regel ein komplexer Vorgang, denn er erfordert seitens des Beraters die Vernetzung einer Vielzahl von Informationen und das unmittelbare Eingehen auf den Kunden. Beratung eröffnet Chancen. Daher berücksichtigen wir auch Cross-Selling-Ansätze.

Um dem Kunden und den Anforderungen Ihres Hauses gerecht zu werden, benötigen Sie auch angemessenes Fachwissen. Wir geben Ihnen dazu Hinweise. In unserem Lehrbuch „Das Wissen für Bankkaufleute" und anderen Publikationen finden Sie die Basis, um sich fitzumachen für Ihr Beratungs- und Verkaufsgespräch.

Bitte berücksichtigen Sie unsere Hinweise zum Umgang mit diesem Buch.

Wir wünschen Ihnen Spaß bei der Bearbeitung der Praxisfälle und viel Erfolg mit Ihren Kunden! Uns wünschen wir, dass dieses Buch Ihre Erwartungen trifft und möglichst genau Ihr Bedürfnis, praxisorientiert zu lernen, erfüllt. Umso wichtiger sind uns Ihre Anregungen.

Diese nehmen wir gern auch elektronisch entgegen. Unsere Homepage unter www.gabler.de/lippe wird rechtzeitig zum Erscheinen dieses Buches zur Verfügung stehen.

Hamburg, im Januar 2001　　　　　　　　Die Autoren und Herausgeber

Inhaltsverzeichnis

0. Einführung 1
    0.1   Zum Umgang mit diesem Buch 3
    0.2   Symbole in diesem Buch 5
1. Kontoführung und Zahlungsverkehr 7
    A.   Allgemeines zu Kontoführung und Zahlungsverkehr 9
    B.   Fälle zu Kontoführung und Zahlungsverkehr 11
        1.1   Kontoeröffnung 11
        1.2   Kontoeröffnung – minderjähriger Kunde 13
        1.3   Kontoeröffnung – juristische Person 15
        1.4   Gemeinschaftskonto 17
        1.5   Kontovollmacht 19
        1.6   Treuhandkonto 21
        1.7   Betreuung I 23
        1.8   Betreuung II 25
        1.9   Pfändung 27
        1.10 Tod eines Kunden 28
        1.11 Testamentsvollstreckung 31
        1.12 Hoher Zahlungseingang 33
        1.13 Zahlung in das Ausland 34
        1.14 Orderscheck 36
        1.15 Scheckzahlung 38
        1.16 Kartenzahlung 40
        1.17 Beitragszahlung 42
    C.   Beratungsansätze zu Kontoführung und Zahlungsverkehr 45

2. Geld- und Vermögensanlage 47
  A. Allgemeines zur Geld- und Vermögensanlage 49
  B. Fälle zur Geld- und Vermögensanlage 53
    2.1 Vermögenswirksame Leistungen mit Prämie 53
    2.2 Institutswechsel 56
    2.3 Familienabsicherung mit Fördermaßnahmen 59
    2.4 Kontensparen 61
    2.5 Mitbewerberangebot im Anlagebereich 64
    2.6 Mietkaution 66
    2.7 Vermögensstrukturierung 68
    2.8 Sparklub 71
    2.9 Lehrer-Treuhandkonto 74
    2.10 Gläubigerwechsel 76
    2.11 Mieterhöhung 78
    2.12 Familiengründung 80
    2.13 Fondsgebundene Lebensversicherung 83
    2.14 Hoher Habenumsatz 85
    2.15 Hinterbliebenenschutz 88
    2.16 Anlage von Kleinstbeträgen 91
    2.17 Direktversicherung 94
    2.18 Verrentung von Einmalanlagen 96
    2.19 Kapitalaufbau mittels Aktienfonds 99
    2.20 Erwerb von Belegschaftsaktien 103
    2.21 Bausparvertrag 106
    2.22 Sparbriefe für Kleinstanleger 108
    2.23 Kombinationsmodell aus Rentenversicherung und
         Erwerbsunfähigkeitszusatzversicherung 110
    2.24 Kombinationsmodell aus Auszahlplan und Bausparen 112
    2.25 Kapitalsicherung aus Fondsanlage 115
    2.26 Vermögensmanagement-Anlage 118
  C. Beratungsansätze zur Geld- und Vermögensanlage 121

3. Kreditgeschäft ... 125
A. Allgemeines zum Kreditgeschäft ... 127
B. Fälle zum Kreditgeschäft ... 129
- 3.1 Pkw-Finanzierung ... 129
- 3.2 Dispoeinräumung ... 132
- 3.3 Umfinanzierung Dispo ... 134
- 3.4 Mietaval ... 136
- 3.5 Darlehen gegen Verpfändung von Spar(kassen)briefen ... 138
- 3.6 Kauf einer Eigentumswohnung ... 140
- 3.7 Finanzierung eines Einfamilienhauses ... 144
- 3.8 Kauf eines Reihenhauses ... 150
- 3.9 Dachgeschossausbau ... 154

C. Beratungsansätze zum Kreditgeschäft ... 161

Schlagwortverzeichnis ... 165

Abkürzungsverzeichnis

AO	Abgabenordnung
Dispo	Dispositionkredit
ec-Karte	eurocheque-Karte
ErbStG	Erbschaftsteuergesetz
ESt	Einkommensteuer
FSA	Freistellungsauftrag
GA	Geldausgabeautomat
GWG	Geldwäschegesetz
GZS	Gesellschaft für Zahlungssysteme mbH
KKK	Kontokorrentkredit
KfW	Kreditanstalt für Wiederaufbau
LZB	Landeszentralbank
PIN	Persönliche Identifikations-Nummer
POZ	Bezahlung mit Karte ohne Zahlungsgarantie
SCHUFA	Schutzgemeinschaft für allgemeine Kreditsicherung GmbH
VL	vermögenswirksame Leistungen
WPHG	Wertpapierhandelsgesetz

Einführung

0.1 Zum Umgang mit diesem Buch

Sie finden in diesem Buch eine Unterteilung in die Geschäftsbereiche

- Kontoführung und Zahlungsverkehr
- Geld- und Vermögensanlage
- Kreditgeschäft.

Nach allgemeinen Hinweisen, die Sie mit der Handhabung der Fälle in dem jeweiligen Geschäftsbereich vertraut machen sollen, folgen die einzelnen Fälle. Die Abschnitte schliessen jeweils mit Beratungsansätzen.

In jedem Fall, auch wenn Sie bereits über Erfahrungen in der Privatkundenberatung verfügen, empfiehlt sich eine intensive Bearbeitung der einzelnen Fälle. Wenn Sie ein spezielles Gebiet bearbeiten wollen - z. B. weil Sie sich auf ein konkretes Kundengespräch vorbereiten -, finden Sie die thematische Ordnung der Fälle im Inhaltsverzeichnis. Das Stichwortverzeichnis am Ende des Buches führt Sie zu den Begriffen, nach denen Sie suchen, in den jeweiligen Fällen.

Fachliche Erläuterungen zu den jeweiligen Wissensgebieten haben wir kurz gehalten oder ganz vermieden, da dieses Buch die Anwendung des Wissens zum Gegenstand hat. Bitte ziehen Sie hierfür ein Lehrbuch, zum Beispiel unser Standardwerk „Das Wissen für Bankkaufleute", oder ein Bank- oder Wirtschaftslexikon zu Rate. Wir empfehlen Ihnen, begleitend bei Bedarf auch im Gesetzestext nachzulesen.

In unseren Fällen können wir ausschließlich allgemeine Bankprodukte berücksichtigen, die unter Umständen von Ihrer Bank oder Sparkasse unter anderem Namen und/oder in abgewandelter Form angeboten werden. Klären Sie daher, welche Angebote Sie Ihrem Kunden unterbreiten können, wie die hausspezifische Abwicklung vorgesehen ist und welche Prospekte und Verkaufshilfen Ihnen vertiefend zur Verfügung stehen. Machen Sie sich mit diesen Informationen vertraut. Das wird Ihnen in Ihrer Praxis noch mehr Sicherheit verleihen.

Sie werden feststellen, dass wir in unseren Fällen standardmäßig immer wieder gleiche Fragen stellen:
- Welche Informationen benötigen Sie von Ihrem Kunden?
- Welche Fragen stellen Sie Ihrem Kunden?
- Welche Unterlagen benötigen Sie?
- Was müssen Sie unternehmen?
- Was müssen Sie beachten?
- Welche Möglichkeiten können Sie dem Kunden anbieten?
- Welche Cross-Selling-Ansätze ergeben sich?
- Welche Empfehlungen geben Sie Ihrem Kunden?

Dies sind die entscheidenden Fragen für Sie als Berater und Verkäufer. Bitte machen Sie sich die Mühe, jeweils vor dem Weiterlesen innezuhalten und *selbst* die entsprechenden Antworten zu geben. Nur so lernen Sie intensiv und nachhaltig. Notieren Sie sich Stichworte, als würden Sie sich auf das Gespräch oder Telefonat mit dem Kunden tatsächlich vorbereiten. Prüfen Sie anschließend den Fortgang der Falllösung in unserem Buch und vergleichen Sie die Darstellung mit Ihrer Lösung. Damit die Antworten, die in den Fällen jeweils vom Kunden gegeben werden, sich besser vom übrigen Text absetzen, haben wir diese *kursiv* gesetzt.

Mit Pictogrammen, also grafischen Symbolen, geben wir Ihnen zusätzliche Hinweise zur Erleichterung Ihrer Arbeit. Sie finden eine Erläuterung dieser Symbole im nächsten Abschnitt.

Am besten beginnen Sie nun, machen sich vertraut mit dem ersten Abschnitt, den allgemeinen Hinweisen dazu und steigen ein in den ersten Fall.

Viel Spaß und Erfolg !

0.2 Symbole in diesem Buch

Die folgenden Symbole (Pictogramme) sollen Ihre Aufmerksamkeit auf Besonderheiten lenken und so das Arbeiten mit diesem Buch erleichtern sowie wichtige Hinweise für die Praxis liefern.

Achtung! Dieses Symbol signalisiert, dass etwas Besonderes oder Wichtiges zu berücksichtigen ist, z. B. Bestimmungen des Wertpapierhandelsgesetzes, Zinsabschlagsteuer bzw. Freistellungsauftrag.

Richtige Fragen helfen weiter; sie sollten von Ihnen beantwortet werden können; hierzu müssen Sie bereits über Informationen von Ihren Kunden verfügen oder diese unbedingt einholen.

Eine Glühbirne als Synonym für Erleuchtung. Dieses Symbol signalisiert, dass die Lösung „Licht" in diesen Fall bringt.

An dieser Stelle gibt es die Möglichkeit zu „Cross-Selling"; Sie können Ihrem Kunden interessante weitere Angebote unterbreiten, auf die wir hier nicht näher eingehen möchten.

Je nach Antwort oder Situation gibt es verschiedene Möglichkeiten („Äpfel und Birnen"), den vorstehenden Fall zu lösen; dieses Pictogramm steht für ein alternatives Angebot bzw. eine alternative Fall-Lösung.

Dieses Symbol soll Sie freundlich dazu auffordern, Ihre innere Einstellung zum Kundenprofil bzw. zum Fall zu überprüfen.

Welche vorbereitenden Maßnahmen sollten von Ihnen getroffen werden, bevor Sie in das Gespräch mit dem Kunden gehen? Notieren Sie diese Maßnahmen.

Dieses Symbol verweist auf das Buch „Das Wissen für Bankkaufleute" aus dem Gabler-Verlag, mit dessen Hilfe Sie ggf. Ihr Fach-Wissen zum Fall vertiefen können. Über das entsprechende Stichwortverzeichnis erschließen Sie sich die Fundstellen.

Kontoführung und Zahlungsverkehr

A Allgemeines zu Kontoführung und Zahlungsverkehr

Hier werden wichtige Informationen und Tätigkeiten angesprochen, die Sie als Berater benötigen bzw. vornehmen müssen, um den gesetzlichen oder anderen Bestimmungen nachzukommen. Es kommen diese Tätigkeiten in fast allen Fällen vor, so dass wir sie hier vorab darstellen und nicht in den einzelnen Fällen jedesmal aufs Neue. Eventuell machen wir Sie nur mit einem Stichwort bzw. Symbol darauf aufmerksam.

Immer wiederkehrende Fragestellungen zur Kontoführung:

- Verwendungszweck des Kontos
- Frage nach dem wirtschaftlich Berechtigtem (verlangt das Geldwäschegesetz)
- Verfügungsberechtigte/Vollmachten
- Legitimation – unter anderem gesetzliches Erfordernis aus dem Steuerrecht (Abgabenordnung), aber auch nach dem Geldwäschegesetz
- Steuerinländer/Steuerausländer
- Geschäftsfähigkeit (minderjährig/volljährig)
- SCHUFA
- Bonität

B Fälle zu Kontoführung und Zahlungsverkehr

1.1 Kontoeröffnung

Ein junger Mann kommt in Ihre Filiale und äußert den Wunsch, ein Konto zu eröffnen.

Welche Informationen benötigen Sie, um den Kundenwunsch erfüllen zu können? Bitte formulieren Sie entsprechende Fragen.

Erforderliche Informationen:
- Name und Anschrift des Kunden
- Alter des Kunden
- Verwendungszweck des Kontos
- Welche Konten hat der Kunde bereits (bei Ihrem Institut und/oder bei Wettbewerbern)?
- Wer wird wirtschaftlich Berechtigter des Kontos?
- Wer soll ggf. außerdem über das Konto verfügen dürfen (Vollmachten)?

Wofür benötigen Sie das Konto?

Ich habe eine Ausbildung zum Werbekaufmann angetreten, und nun benötige ich ein Gehaltskonto. Würden Sie an meine Eltern, die auch ein Konto in Ihrer Filiale unterhalten, Auskünfte über mein Konto geben?

Selbstverständlich nicht. Aus Ihrem gültigen Bundespersonalausweis entnehme ich, dass Sie 19 Jahre alt sind. Aufgrund Ihrer Volljährigkeit und unter Wahrung des Bankgeheimnisses erhalten Ihre Eltern keine Auskünfte, solange sie nicht bevollmächtigt werden.

Welche Unterlagen benötigen Sie für diese Kontoeröffnung?

- gültigen Personalausweis/Reisepaß mit Meldebestätigung
  (Sonderregelungen für ausländische Staatsangehörige beachten)

Sie veranlassen die technische Abwicklung für eine Girokontoeröffnung und lassen den Kunden den Girokontovertrag unterschreiben, mit dem er die AGB, die Satzung usw. anerkennt. Gleichzeitig klären Sie die wirtschaftliche Berechtigung nach § 154 AO/GWG und lassen sich die Einverständnis-Erklärung zur Datenübermittlung an die SCHUFA unterzeichnen (dies kann institutsbedingt abweichen).

In dem Kontoeröffnungsgespräch stellen Sie anhand von Verkaufshilfen dem Kunden die Nutzungsmöglichkeiten rund ums Girokonto vor:
- Möglichkeiten von Inlands- und Auslandsüberweisungen
- Eröffnung von Daueraufträgen
- Einzugsermächtigung für z. B. Fahrkarte, Telefon und Sportverein
- Nutzung von Online-Banking
- Gegebenenfalls institutsabhängige Sonderleistungen für Auszubildende
- Bereitstellung eines Dispositionskredites nach wiederkehrenden Gehaltseingängen; Achtung: Probezeit berücksichtigen

  Da der Kunde Auszubildender ist, sollten Sie mit der Bereitstellung eines Dispos zum Schutze des Kunden und zu Ihrer Sicherheit zurückhaltend sein, da nicht gewährleistet ist, dass er nach Beendigung der Ausbildung einen Anstellungsvertrag erhält.
- Nutzungsmöglichkeiten mit einer ec-Karte, Kundenkarte und Kreditkarte

  (Auch hier bedarf es einer sensiblen Entscheidung)

 **Cross-Selling-Ansätze:**
- staatliche Sparförderung und Anlage der vermögenswirksamen Leistungen
- Unfallversicherung
- Erläuterung der Produktpalette Ihres Institutes

Fälle zu Kontoführung und Zahlungsverkehr

1.2 Kontoeröffnung – minderjähriger Kunde

Freudestrahlend kommt Ihr Kunde, Benjamin Schulz, zu Ihnen und präsentiert stolz seinen Ausbildungsvertrag zum Kfz-Mechaniker; er benötigt jetzt ein Konto, auf das die Ausbildungsvergütung regelmäßig überwiesen werden soll. Benjamin ist Ihnen seit Jahren bekannt.

Kundenprofil:

Name:	Benjamin Schulz
Alter:	15 Jahre
Familienstand:	ledig
Beruf:	Kfz-Mechaniker-Azubi
Eigenschaften:	lässiger Typ, läßt sich nicht einengen
Einkommen:	400,- EUR im ersten Ausbildungsjahr
Feste Kosten:	keine, er wohnt bei seinen Eltern, dort muss er nichts abgeben

Was müssen Sie beachten?

Auch wenn Benjamin Schulz Ihnen persönlich bekannt ist, verlangt der Gesetzgeber (AO und GWG), dass Sie sich ein Legitimationspapier vorlegen lassen. Mit 15 Jahren verfügt Benjamin wahrscheinlich noch nicht über einen Personalausweis, so dass hier ein gültiger Kinderausweis ausreichend ist.

Sie informieren Ihren Kunden, dass seine Eltern der Kontoeröffnung zustimmen müssen und dass sie bis zur Volljährigkeit Einblick in die Kontoführung nehmen können.

Vereinbaren Sie einen gemeinsamen Termin mit mindestens einem Elternteil (die Eltern können zwar der Kontoeröffnung nicht widersprechen, wenn sie dem Ausbildungsvertrag bereits zugestimmt haben, aber die Zustimmung zur Kontoeröffnung gibt uns eine eindeutige Rechtssicherheit).

Beachten Sie die Besonderheiten, falls nur ein Elternteil sorgeberechtigt ist.

Technische Abwicklung und Erläuterungen zu Nutzungsmöglichkeiten eines Girokontos wie bei jeder Kontoeröffnung mit folgenden Besonderheiten:

- Zustimmung der gesetzlichen Vertreter zur ec-Karte erforderlich (erkundigen Sie sich bei Ihrem Institut, über hausspezifische Altersbeschränkungen bei der Ausgabe von ec-Karten)
- Zustimmungs- sowie Haftungserklärung der gesetzlichen Vertreter zum Kreditkartenantrag (w.o.)
- Grundsätzlich kein Dispositionskredit und keine Kontoüberziehungen

Cross-Selling-Ansätze:
- staatliche Sparförderung und Anlage der vermögenswirksamen Leistungen
- Unfallversicherung
- Erläuterung der Produktpalette Ihres Institutes

Fälle zu Kontoführung und Zahlungsverkehr

1.3 Kontoeröffnung – juristische Person

Vor Ihnen stehen zwei Herren mittleren Alters und möchten bei Ihrem Institut ein Girokonto eröffnen. Sie bitten die beiden, am Beratungselement Platz zu nehmen und lassen sich die Personalausweise aushändigen.

Welche Informationen benötigen Sie? Bitte formulieren Sie entsprechende Fragen.

a) Für welchen Zweck soll das Girokonto dienen?

Wir sind Kassenwart und 1. Vorsitzender eines Vereines und benötigen ein Girokonto für Zahlungsabwicklungen, insbesondere Einzug der Vereinsbeiträge.

b) Ist der Verein in das Vereinsregister eingetragen? Wenn nein, ist dies beabsichtigt?

Unser Verein ist schon eingetragen. Letzte Woche war die Mitgliederversammlung, auf der wir neu in die Ämter gewählt wurden.

c) Haben Sie einen Auszug aus dem Register dabei? Außerdem benötige ich eine aktuelle Satzung und das Protokoll bzw. einen Auszug, aus dem hervorgeht, dass Sie den Verein rechtsgültig vertreten.

Wir kommen gerade vom Notar wegen der Berichtigung des Vereinsregisters und haben alles dabei, was Sie benötigen.

d) Ist der Verein gemeinnützig und damit von der Körperschaftssteuer befreit?

Ja, der Verein ist als gemeinnützig anerkannt, und laut letztem Steuerbescheid sind wir von der Körperschaftsteuer befreit.

Damit der Abzug Zinsabschlagsteuer auf Zinserträge aus Spareinlagen oder Termingeldern nicht vorgenommen wird, benötigen wir eine Nichtveranlagungsbescheinigung, eine sogenannte NV-Bescheinigung.

e) Wer soll über das Konto verfügen dürfen? Und wie soll verfügt werden, einzeln oder mit jemand Anderem gemeinsam?

Es soll jeder einzeln zeichnen können. Außerdem soll noch unsere Schriftwartin bevollmächtigt werden. Geht das?

Ja das geht. Laut Satzung vertreten Sie den Verein gemeinsam. Sie können sich oder andere Personen aber einzeln für das Konto bevollmächtigen. Sie müssen die Vollmachtserteilung nur gemeinsam unterzeichnen.

Benötigte Unterlagen:
- Vereins-Satzung
- Auszug aus dem Vereinsregister
- persönliche Legitimation der handelnden Personen sowie ggf. weiterer für das Konto zeichnungsberechtigter Personen
- Nichtveranlagungsbescheinigung (NV3B)

Cross-Selling-Ansätze:
- Online-Banking
- Lastschrifteinzugsverfahren
- Anlage der Liquiditätsüberschüsse
- Anlage von eventuellen Rücklagen

1.4 Gemeinschaftskonto

Zu Ihnen kommt Ihr Kunde Herr Michael Grimm und stellt sich und seine Begleitung als frisch vermähltes Paar vor. Er äußert den Wunsch, dass seine Ehefrau auch über sein Girokonto verfügen können soll.

Welche Möglichkeiten können Sie dem Kunden anbieten?

a) Kontovollmacht über den Tod hinaus
b) Gemeinschaftskonto
c) Kreditkarte

Was müssen Sie wissen, um Ihrem Kunden die richtige Empfehlung zu geben? Bitte formulieren Sie erforderliche Fragen.

Werden auf den Namen Ihrer Ehefrau zukünftig Eingänge erfolgen, reicht eine einfache Kontovollmacht nicht aus, sondern es muss das Einzelkonto durch Aufnahme eines weiteren Kontoinhabers in ein Gemeinschaftskonto umgewandelt werden, um gesetzlichen Anforderungen zu genügen (§ 154 AO sowie GWG).

Nein, meine Frau verfügt über ein eigenes Gehaltskonto und nutzt es auch weiterhin.

Dann würde auch eine Vollmacht über den Tod hinaus ausreichen, bei der Ihre Frau bereits jetzt und auch im Falle Ihres Ablebens über das Konto verfügen kann.

Der Vollständigkeit halber sei hier erwähnt, dass eine Verfügung mit einer Kreditkarte möglich ist, ohne dass eine Kontovollmacht erteilt werden muss. Dies setzt jedoch eine einwandfreie Bonität des Kunden und eine Haftungserklärung des Kontoinhabers voraus.

Es gibt Kunden, bei denen es nicht sinnvoll ist, im Beisein des Ehepartners weitere vertrauliche Themen anzusprechen (Bankgeheimnis). Beurteilen Sie individuell, ob Sie den Kunden nach weiteren Vollmachten, z. B. für Sparkonten, Wertpapierdepot, Kundenmietfach, fragen. Das gleiche gilt für Be-

zugsberechtigungen bei Versicherungen. Ferner ist zu klären, wie die Verfügungsmöglichkeiten über das Girokonto geregelt sein sollen – Bankkarte, ec-Karte (mit/ohne PIN), Kreditkarte?

Woran Sie unbedingt denken sollten:

- Umstellung der Einzel-Freistellungsaufträge auf einen gemeinschaftlichen Freistellungsauftrag! Unterschrift beider Ehegatten erforderlich.
- Adressänderung notwendig?
- Namensänderung?
- Legitimation/Heiratsurkunde!

Cross-Selling-Ansätze:

- Sparvertrag, Bausparen
- Versicherungsschutz, insbesondere Lebensversicherung, Unfallversicherung
- ec-Karte (mit/ohne PIN), Kreditkarte
- Anpassung des Dispositionskredites bei zwei Einkommen

Fälle zu Kontoführung und Zahlungsverkehr

1.5 Kontovollmacht

Zu Ihnen kommt eine ca. 40jährige Frau und übergibt Ihnen ihren Personalausweis, der sie als Elisabeth Müller legitimiert. Frau Müller überreicht Ihnen außerdem noch einen Zettel mit folgendem Inhalt:

> *Vollmacht*
>
> *Ich bevollmächtige meine Tochter Elisabeth Müller, geb. Schmidt, 250,- EUR von meinem Girokonto bei der Stadtsparkasse Musterstadt* abzuheben.*
>
> *Unterschrift:* *Otto Schmidt*
>
> *Musterstadt, den 15. Januar 2...*

*) Name Ihres Kreditinstitutes

Der Kunde Otto Schmidt, 70 Jahre, ist Ihnen von Person bekannt. Er klagte in letzter Zeit häufig über Gelenkschmerzen.

Frau Elisabeth Müller ist in Ihrer Filiale unbekannt.

Was unternehmen Sie? Wie sind die Anweisungen Ihres Institutes?

Entweder Sie versuchen sich mit Herrn Schmidt telefonisch in Verbindung zu setzen, um sich die Vollmacht bestätigen zu lassen, oder Sie akzeptieren die Vollmacht so und zahlen den gewünschten Betrag aus.

Selbstverständlich sollten Sie die Möglichkeit, dass es sich hier um einen Betrug oder eine Urkundenfälschung handelt, ausschliessen können. Beim geringsten Verdacht sollten Sie zum Schutze Ihres Kunden dem Auszahlungswunsch nicht nachkommen. In diesem Fall akzeptieren Sie diese formlose Vollmacht nicht und berufen sich auf Ihre AGB.

Im Hinblick auf die Geschäftsverbindung sollten Sie Ihre Entscheidung sensibel treffen.

Damit sich solche „Zettelvollmachten" nicht wiederholen, die eventuell sogar zu Kreditverfügungen führen könnten, bitten Sie Herrn Schmidt, seiner Tochter eine generelle Vollmacht für sein Girokonto und eventuell auch über andere Konten einzuräumen. Auch eine weitergehende Generalvollmacht vor einem Notar könnte sinnvoll sein.

Fälle zu Kontoführung und Zahlungsverkehr

1.6 Treuhandkonto

Ihre Kundin Gaby Kurze, von Beruf Lehrerin, steht vor Ihnen und bittet Sie um Rat.

Ich bin seit kurzem das erstemal Klassenlehrerin. Auf dem Elternabend baten mich die Eltern, ein Klassenkonto anzulegen, auf das für die Klassenkasse und auch für die zum Schuljahresende anstehende Klassenfahrt Gelder eingezahlt bzw. überwiesen werden sollen. Ich möchte dieser Bitte nachkommen, aber es muss ersichtlich sein, dass es sich nicht um meine privaten Gelder handelt. Kann das Konto auf den Namen „Klasse 7a" lauten?

Was können Sie Frau Kurze empfehlen bzw. anbieten? Welche Möglichkeiten sieht Ihr Kreditinstitut vor?

a) Frau Kurze, es gibt die Möglichkeit, ein Giro- oder Sparkonto einzurichten. Für beide Konten würden wir eine gesonderte Erklärung / Vereinbarung treffen und somit das Konto zwar auf Ihren Namen, jedoch mit dem Zusatz „Lehrer-Treuhandkonto wegen Klasse 7a" eröffnen. Die Eröffnung auf den Namen „Klasse 7a" ist nach der Abgabenordnung nicht zulässig. Durch diese Vereinbarung wird deutlich, das Sie zwar Inhaberin aber nicht wirtschaftliche Berechtigte sind und es sich hier um fremde Vermögenswerte handelt.

Gut, damit kann ich leben.

b) Ob sich ein Sparkonto oder ein Girokonto anbietet, kommt auf die Art der Nutzung an. Erfolgt die Einzahlung in einer Summe oder benötigen Sie einen Nachweis darüber, woher das Geld kommt?

Es ist vorgesehen, dass die Klassensprecherin das Geld für die Klassenkasse einsammelt und es mir dann gesammelt übergibt, damit ich es einzahlen kann. Wie das mit dem Geld für die Klassenfahrt wird, klärt sich in den nächsten Tagen. Die Elternvertreter wollten eine Umfrage machen, ob das Geld in monatlichen Raten angespart werden soll oder erst in einer Summe ca. 6 Wochen vor der Fahrt von den Eltern überwiesen wird.

c) Beim Sparkonto können Sie nicht sehen, wer eingezahlt bzw. überwiesen hat. Dafür gibt es jedoch Zinsen und es fallen keine Gebühren an. Wenn Sie selber das Geld für die Klassenkasse bzw. die monatlichen Raten für die Klassenfahrt einsammeln und es dann auf das Sparkonto einzahlen, haben Sie einen entsprechenden Überblick.

Wenn Sie dies nicht möchten und die Eltern die Gelder direkt auf das Konto überweisen wollen, bietet sich das Girokonto an. Hier fallen jedoch ggf. Gebühren für die Kontoführung an, und es gibt keine Verzinsung der Einlage.

Also würde sich für die Klassenkasse ein Sparkonto anbieten. Das können wir ja heute schon fertig machen. Und für die Klassenfahrt warte ich auf die Mitteilung der Elternvertreter. Wenn die Eltern erst 6 Wochen vor der Reise die Gelder überweisen möchten, werde ich dann wohl noch zusätzlich ein Girokonto einrichten, denn ich brauche einen Überblick, für welches Kind die Eltern das Geld gezahlt haben, und für eine Bareinsammlung sind mir die Beträge zu groß.

Klären Sie, wie Ihr Haus diese Sparkonten vom FSA für Gaby Kurze ausnimmt. Durch eine gesonderte Erklärung oder z. B. technisch durch den Kontozusatz „Treuhandkonto"?

Cross-Selling-Ansatz:
- Schulservice
- Online-Banking

Fälle zu Kontoführung und Zahlungsverkehr

1.7 Betreuung I

Frau Hermine Dunkel, eine Ihnen bekannte Kundin, bittet Sie um Eröffnung eines Girokontos für ihre Schwester Emmi Hellwig.

Meine Schwester ist an Alzheimer erkrankt und ist seit kurzem in einem nahen Pflegeheim untergebracht. Beim Umzug habe ich über 3 000,- EUR als Bargeld unter ihrem Bett gefunden. Das Geld möchte ich auf ein Sparkonto einzahlen. Meine Schwester hatte keine Konten. Sie bekam Ihre Rente immer mit der Post, und auch alle Rechnungen hat sie immer bar bei der Bank eingezahlt.

Welche Angaben bzw. Informationen benötigen Sie?

a) Wurden Sie vom Vormundschaftsgericht zur Betreuerin Ihrer Schwester bestellt?

Ja, und ich habe auch meinen Betreuerausweis dabei.

b) Darf ich den Ausweis bitte einmal einsehen und ihn mir dann fotokopieren?

Selbstverständlich.

Dem Ausweis entnehme ich, dass sich die Betreuung u.a. auf die Wahrnehmung aller Vermögensangelegenheiten bezieht. Damit dürfen Sie auch ein Konto für Ihre Schwester bei uns eröffnen. Wir benötigen dazu nur noch die persönliche Legitimation Ihrer Schwester sowie Ihren Personalausweis.

Sie eröffnen das Girokonto auf den Namen von Emmi Hellwig; verfügungsberechtigt ist ihre Schwester Hermine Dunkel in Eigenschaft als Betreuerin. Ebenfalls eröffnen Sie das Sparkonto.

Worauf müssen Sie Frau Dunkel gezielt hinweisen?

Da Sie in Ihrer Eigenschaft als Schwester keine „befreite Betreuerin" sind und Ihnen auch keine „allgemeine Ermächtigung" vom Vormundschaftsgericht eingeräumt wurde, haben wir das Sparkonto vorschriftsgemäß mit einem

Sperrvermerk versehen. Das bedeutet, dass Sie für jede Verfügung über das Sparkonto eine Einzelgenehmigung vom Vormundschaftsgericht benötigen.

Für das Girokonto sieht es etwas anders aus. Hier können Sie über die Gelder genehmigungsfrei verfügen, solange das Guthaben 2 556,- EUR nicht übersteigt. Sie müssen also aufpassen, dass sich auf dem Girokonto kein größeres Guthaben aufbaut. Übersteigt das Guthaben 2 556,- EUR, ist das Konto gesperrt und Sie benötigen eine vormundschaftlichen Beschluss, um weiter über das Girokonto verfügen zu können.

1.8 Betreuung II

Vor Ihnen steht ein Herr, der sich als Alfons Braun ausweist. Herr Braun legt Ihnen einen Betreuerausweis vor, aus dem hervorgeht, dass er für Ihren Kunden, Anton Will, als Betreuer vom Vormundschaftsgericht eingesetzt wurde.

Herr Will ist aus gesundheitlichen Gründen selbst nicht mehr in der Lage, sich um seine Angelegenheiten zu kümmern, und es gibt keine nahen Angehörigen mehr, die sich um ihn kümmern können. Herr Will wird seit kurzem in einem Pflegeheim hier vor Ort versorgt.

Ich benötige einen genauen Überblick, welche Konten Herr Will bei Ihnen unterhält. Außerdem brauche ich die Kontoauszüge vom Girokonto für das letzte halbe Jahr. Ich habe bei den Sachen von Herrn Will keine Auszüge gefunden.

Was müssen Sie beachten und veranlassen?

a) Wie ich aus dem Betreuerausweis ersehe, umfasst die Betreuung insbesondere auch die Vermögensangelegenheiten. Dies ist für uns wichtig. Ich benötige außerdem noch Ihre persönliche Legitimation. Haben Sie Ihren Personalausweis dabei?

Selbstverständlich.

b) Herr Will unterhält bei uns ein Girokonto mit einem Guthaben von zur Zeit 2 938,50 EUR, ein Sparkonto mit dreimonatiger Kündigungsfrist in Höhe von 5 000,- EUR sowie ein Wertpapierdepot mit Bundesschatzbriefen im Nennwert von 10 000,- EUR.

Die Renteneingänge belaufen sich monatlich auf rund 2 000,- EUR. Das Giroguthaben liegt häufig über 2 556,- EUR, daher würde ich Ihnen empfehlen, dass Sie sich vom Vormundschaftsgericht eine allgemeine Ermächtigung nach § 1825 BGB besorgen, damit Sie in Zukunft mit dem Girokonto arbeiten können.

Ja, das wäre in diesem Fall wohl besser, sonst ist das Konto wegen der Betragsgrenze von 2 556,- EUR gleich wieder gesperrt. Ich werde mich gleich heute noch mit dem zuständigen Rechtspfleger in Verbindung setzen, damit ich das Girokonto auch nutzen kann.

Ich versehe die Konten mit dem entsprechenden Sperrvermerk, dass eine Betreuung besteht. Außerdem besorge ich Ihnen die gewünschten Auszugsduplikate, die ich Ihnen dann zusenden werde.

Jetzt werde ich noch neue Unterschriftsblätter für das Girokonto und das Wertpapierdepot erstellen.

1.9 Pfändung

Mit der Post geht Ihnen ein Pfändungs- und Überweisungsbeschluss zu Lasten des Girokontos Ihres Kunden Heinz Meier zu. Die Pfändung kommt vom zuständigen Finanzamt.

Was müssen Sie unternehmen?

- Den Kontoinhaber informieren und um Klärung des Vorfalls bitten
- das Girokonto sperren
- ggf. Daueraufträge sperren/löschen
- vorhandene Scheck- bzw. Bankkarten sperren
- den eingeräumten Dispositionskredit/KKK löschen
- die bei Ihnen zuständige Stelle (Rechtsabteilung) einschalten.

Im Telefonat mit Herrn Meier teilt dieser Ihnen mit, dass er sich in einem finanziellen Engpass befindet, da er vor einem Monat seine Anstellung verloren hat und die Einkommensteuer-Nachzahlung nicht entrichten konnte.

Der eingeräumte Dispositionskredit ist fast voll in Anspruch genommen.

Auf dem Girokonto geht Kindergeld ein, und zwei Tage nach Gutschrift verlangt Herr Meier die Auszahlung. Können Sie auszahlen?

Ja, Sie müssen innerhalb von sieben Tagen nach Gutschrift trotz Pfändung dem Auszahlungswunsch Folge leisten. Beachten Sie hierbei die Auszahlungsfristen bei nichtpfändbaren Leistungen.

Was unternehmen Sie weiter?

Vereinbaren Sie einen Termin mit Herrn bzw. den Eheleuten Meier zwecks Bestandsaufnahme der finanziellen Verhältnisse und evtl. Rückführungsmöglichkeiten der Verpflichtungen, einschließlich der fälligen Einkommensteuerschulden.

Sollten Sie keine befriedigende Lösung finden, verweisen Sie Herrn Meier an die öffentlichen Schuldnerberatungsstellen.

1.10 Tod eines Kunden

In Ihrer örtlichen Tageszeitung lesen Sie eine Todesanzeige. Der Verstorbene war Ihr Kunde, Herr Hans Pause. Herr Pause war verheiratet und hinterlässt drei volljährige Söhne.

Was müssen Sie zu diesem Zeitpunkt unternehmen?

a) Über eine Abfrage stellen Sie fest, welche Konten und evtl. Kundenmietfächer der Verstorbene bei Ihrem Institut unterhalten hat:

- Girokonto
  Dispo 5 000,- EUR Guthaben 1 953,21 EUR
  (Vollmacht für Hedwig Pause über den Tod hinaus)

- Sparkonto mit dreimonatiger Kündigungsfrist
  12 780,- EUR Guthaben

- Sparkonto als Gemeinschaftskonto mit seiner Ehefrau Hedwig
  9 253,82 EUR Guthaben

- WP-Depot mit festverzinslichen Wertpapieren,
  Nennwert 20 000,- EUR

- Schließfach
  (Vollmacht für Hedwig Pause über den Tod hinaus)

b) Sie sind verpflichtet, eine Meldung nach § 33 ErbStG innerhalb eines Monats ab Bekanntwerden des Todes Ihres Kunden abzugeben.

c) Sie kennzeichnen die Konten des Verstorbenen als Nachlasskonten

d) Sie löschen den gemeinsamen Freistellungsauftrag mit Wirkung des Tages, an dem Ihnen der Tod bekannt wurde; für die Witwe neuen Freistellungsauftrag einstellen.

e) Sie löschen den Dispositionskredit.
   Es sind zwei Daueraufträge vorhanden:

Fälle zu Kontoführung und Zahlungsverkehr

- für Miete 560,- EUR, diesen Auftrag lassen Sie bestehen
- für Angelverein 10,- EUR wegen Mitglied Hans Pause, diesen Auftrag könnte man aussetzen oder löschen.

Die Einzüge für Telefon, Strom, Gas und Wasser lösen Sie weiterhin ein, da die Witwe noch in der gemeinsamen Wohnung lebt.

Nach zwei Wochen erscheint die Witwe Hedwig Pause mit ihrem Sohn Egon. Sie übergibt Ihnen die Sterbeurkunde und bittet Sie um ein Gespräch. Nachdem Sie den Beiden Ihr Beileid ausgesprochen haben, erkundigen Sie sich, was Sie für sie tun können.

Mein Mann wollte nie ein Testament machen, und nun weiß ich gar nicht, wie es mit den Konten weitergeht. Er hat ja immer alles für uns erledigt. Ich brauchte mich bis jetzt um nichts zu kümmern. Und nun hat mein jüngster Sohn, wohl von seiner Frau aufgestachelt, auf der Beerdigung gefragt, wie hoch sein Erbteil wäre und wann er das Geld bekommen könne.

a) Wenn es kein Testament gegeben hat - aber schauen Sie noch einmal im Schließfach nach - tritt die gesetzliche Erbfolge ein. Danach sind Sie zur Hälfte erbberechtigt, sofern Sie in gesetzlichem Güterstand gelebt haben. Die andere Hälfte teilen sich Ihre Söhne, d.h. jeder Sohn erhält 1/6 des Nachlasses. Der Nachlass errechnet sich aus dem Vermögen Ihres Mannes, abzüglich eventueller Schulden und der Beerdigungskosten.

Bei uns bestehen ein Girokonto, ein Sparkonto, ein Wertpapierdepot, ein Schließfach und das Sparkonto mit Ihnen als Mitinhaberin.

Das Girokonto benötige ich nicht mehr. Ich habe ja ein eigenes. Ich ziehe jetzt zu meinem ältesten Sohn Egon. Mein mittlerer Sohn Hubert übernimmt unsere jetzige Wohnung, die ist größer als seine, und er bekommt bald Nachwuchs. Hubert übernimmt ab sofort die monatlichen Kosten, so dass wir den monatlichen Mietdauerauftrag löschen können.

Das Sparbuch, das auf unserer beider Namen läuft, habe ich dabei, das andere Sparbuch müsste im Schließfach liegen.

Die Rechnung vom Beerdigungsunternehmer bekomme ich nächste Woche. Wenn das Geld auf dem Girokonto nicht ausreicht, zahle ich den Rest vom Sparbuch ein. Dann können Sie das Girokonto löschen. Aber wie machen wir das mit den anderen Konten?

b) Am besten besorgen Sie sich einen Erbschein. Da es sich bei Ihnen um eine Erbengemeinschaft handelt, können Sie nur gemeinsam tätig werden. Wenn Sie den Erbschein haben, machen wir zusammen mit Ihren Söhnen einen Termin. Dann können wir die Konten löschen bzw. die Wertpapiere verkaufen oder übertragen.

Mein jüngster Sohn wohnt nicht hier, der könnte schlecht mitkommen.

c) Dafür gebe ich Ihnen eine Nachlassvollmacht mit, die er nur zu unterschreiben braucht. Dann lässt er bei seinem Kreditinstitut seine Unterschrift bestätigen. Diese Nachlassvollmacht bringen Sie zum vereinbarten Termin mit. Dann braucht er nicht dabei zu sein.

Ja, das wäre eine Lösung.

Alternativer Fall

Die Witwe findet im Schließfach ein Testament. Sie geht damit zum Amtsgericht und läßt es eröffnen. Mit dem eröffneten Testament plus Eröffnungsprotokoll kommt sie zu Ihnen. Laut Testament ist die Witwe Alleinerbin.

a) Aus dem Testament entnehme ich, dass Sie alleinige Erbin sind. Sie können somit frei über die Nachlasskonten verfügen. Haben Sie sich schon Gedanken gemacht, was Sie mit der Erbschaft machen wollen?

Das Girokonto benötige ich nicht, da ich ein eigenes Konto bei Ihnen unterhalte. Die anderen Gelder möchte ich so anlegen, dass ich jederzeit darüber verfügen kann, aber ich möchte auch Zinsen dafür bekommen.

b) Dann machen wir einen gesonderten Beratungstermin. Da werden wir uns über Ihre Wünsche und Pläne in Ruhe unterhalten, um eine optimale Anlagestrategie zu entwickeln. Am besten machen wir gleich einen Termin.

Ja, das wäre gut.

Wichtig, unbedingt berücksichtigen:
- Adressänderung für die Witwe
- Freistellungsauftrag anpassen

Cross-Selling-Ansatz:
- Anlageberatung

Fälle zu Kontoführung und Zahlungsverkehr 31

1.11 Testamentsvollstreckung

Vor Ihnen steht ein Herr, der sich als Michael Sommer vorstellt. Herr Sommer teilt Ihnen Folgendes mit:

Mein Vater ist vor ein paar Wochen verstorben. Meines Wissen waren Sie seine Hauptbankverbindung. Ich habe hier seine eurocheque-Karte und zwei Sparbücher mit 4 000,- EUR und 6 700,- EUR. Außerdem hatte er ein Wertpapierdepot mit Sparbriefen von 25 000,- EUR.. Laut Testament hat mich mein Vater als seinen Testamentsvollstrecker eingesetzt, da sich meine Schwestern andauernd streiten. Das war schon beim Tode meiner Mutter so. Ich möchte die Konten auflösen und die Gelder auf mein Konto bei meiner Bank überweisen.

Welche Unterlagen benötigen Sie, und können Sie der Bitte Folge leisten? Bitte formulieren Sie selber Ihre Fragen.

a) Herr Sommer, ich benötige von Ihnen die Sterbeurkunde Ihres Vaters, sowie Ihren Personalausweis, und haben Sie vom Nachlassgericht schon ein Testamentsvollstreckerzeugnis erhalten?

Ja, ich habe alles dabei.

Aus dem Testamentsvollstreckerzeugnis ersehen Sie, dass die von Herrn Sommer gemachten Angaben so richtig sind.

b) Als Testamentsvollstrecker können Sie frei über den Nachlass Ihres Vaters verfügen. Die Sparkonten können wir sofort auflösen. Die Konten sind mit einer dreimonatigen Kündigungsfrist versehen, d.h. für Verfügungen über 1 500,- EUR pro Monat fällt Vorschußprovision an, da die Gelder nicht gekündigt waren.

Das macht nichts. Ich möchte so schnell wie möglich die Erbschaft abwickeln.

c) Mit den Sparbriefen im Wertpapierdepot geht das nicht so einfach. Die Sparbriefe laufen noch bis zum 31.03. übernächsten Jahres und können vorher nicht verkauft werden. Wir können sie nur auf einen Erben umschreiben.

Wenn das denn so ist, muss ich erst einmal mit den Miterben sprechen, wie wir das mit den Sparbriefen handhaben wollen. Die Verzinsung ist ja ganz interessant. Vielleicht übernehme ich sie. Aber darüber informiere ich Sie dann. Heute löschen wir erst einmal die Sparbücher und das Girokonto. Wegen eines neuen Termins melde ich mich.

 **Wichtig, unbedingt berücksichtigen:**
- Freistellungsauftrag löschen
- Meldung nach § 33 ErbStG
- Wertpapierdepot als Nachlassdepot kennzeichnen und als Verfügungsberechtigten Herrn Sommer, in Eigenschaft als Testamentsvollstrecker, einsetzen.

1.12 Hoher Zahlungseingang

Auf dem Girokonto von Frank Müller wird folgende Gutschrift gebucht:
- 50 000,- EUR
- Auftraggeber: Otto Müller
- Verwendungszweck: gemäß Absprache

Was müssen Sie beachten bzw. veranlassen?

Ist Frank Müller Ihnen oder Ihren Kollegen hinreichend bekannt, und wie lange besteht die Kontoverbindung?

Das Girokonto wurde erst vor einem Monat eröffnet; bisher bestand keine Geschäftsverbindung zu Herrn Müller.

Sie bitten die Auftraggeber-Bank, sich gemäß den Girogrundsätzen mit dem Auftraggeber in Verbindung zu setzen, um die Richtigkeit des Auftrages bestätigen zu lassen.

Alternative:

Das Girokonto besteht schon seit Jahren.

Bei einer jahrelangen Geschäftsverbindung ist diese Prüfung grundsätzlich nicht vorgesehen.

In beiden Fällen informieren Sie den Kunden über den Eingang und klären, was Herr Müller mit dem Geldeingang plant. Eventuell bieten Sie ihm einen Termin für ein Beratungsgespräch an, abhängig von der beabsichtigten Verwendung des Geldes.

Cross-Selling-Ansätze:
- Termingeld bzw. Tagesgeld

1.13 Zahlung in das Ausland

Ihr Kunde, Herr Martin Seemann, kommt zu Ihnen und bittet um eine Auskunft. Er hat über private Verbindungen ein Ferienhaus in Holland gemietet und soll jetzt eine Anzahlung in Höhe von 400,- NLG leisten. Er möchten von Ihnen erfahren, welche Möglichkeiten es für ihn gibt.

Welche Informationen benötigen Sie? Bitte formulieren Sie die entsprechenden Fragen an Herrn Seemann.

Haben Sie eine Bankverbindung des Vermieters?
Ja, die Bankverbindung des Vermieters ist mir bekannt.
Dann können Sie die Anzahlung per Auslands-Euroüberweisung tätigen.

Sie informieren Ihren Kunden über die anfallenden Kosten und die Laufzeit.

Alternativer Fall:
a) Haben Sie eine Bankverbindung des Vermieters?
    Nein, eine Bankverbindung ist mir nicht bekannt.

b) Haben Sie eurocheques mit ec-Karte?
    Ja, ich habe eurocheques und eine ec-Karte.

Wenn Sie die genaue Anschrift des Vermieters haben, können Sie einen (kartengarantierten[1]) eurocheque (als Verrechnungsscheck gekennzeichnet) an die bekannte Adresse senden. Hinweis: es fällt bei der Abrechnung über die GZS die Auslandsprovision an.

---

[1] Die Kartengarantie für eurocheques endet mit dem 31.12.2001.

Fälle zu Kontoführung und Zahlungsverkehr 35

Alternativer Fall:

Haben Sie eurocheques mit ec-Karte?

Nein, ich habe keine eurocheques mit ec-Karte.

In diesem Fall können Sie entweder Bargeld in Euro/DM bzw. NLG, die Sie im Rahmen unseres Sortengeschäftes kaufen können, per (Wert-)Post senden.

Oder einen von unserem Kreditinstitut auf eine Korrespondenzbank in Holland gezogenen Scheck ebenfalls per Post senden.

(Hinweis auf Verlustrisiko und Versicherungsmöglichkeit über die Post).

Informieren Sie Herrn Seemann über die jeweils anfallenden Kosten.

1.14 Orderscheck

Ihre Kundin, Frau Maria Schwarz, steht mit einem Verrechnungsscheck vor Ihnen und möchte diesen einlösen. Sie hatte mit dem Auto einen Unfall und bekam den Scheck von der Versicherung per Post zugesandt. Frau Schwarz händigt Ihnen den Scheck aus. Er hat auf der rechten Seite einen auffälligen roten Rand mit der Beschriftung „*Orderscheck*".

Was müssen Sie beachten?

An wen ist der Scheck adressiert?

Der Scheck ist an Sie, Frau Schwarz, adressiert. Bitte unterschreiben Sie den Orderscheck auf der Rückseite mit Vor- und Zunamen. Wir nennen das indossieren.

Warum muss das sein?

Durch den Ordervermerk ist eine größere Sicherheit sowohl für den Aussteller als auch für Sie als Empfänger dadurch gewährleistet, dass bei Orderschecks eine Einlösung grundsätzlich nur dann erfolgt, wenn der Scheckvorleger sich durch eine ununterbrochene Indossamentenketten als der Berechtigte Scheckinhaber ausweisen kann. Insofern kann also zurückverfolgt werden, wer den Scheck eingelöst hat.

Alternativer Fall:

Der Scheck ist an Ihren Ehemann Manfred Schwarz adressiert. Ich muß Ihnen den Scheck wieder mitgeben, da er von Ihrem Mann mit seinem Vor- und Zunamen zu unterschreiben ist. Soll der Scheck auf Ihr Konto gutgeschrieben werden, müssen Sie den Orderscheck anschließend auf der Rückseite ebenfalls indossieren, also unterschreiben.

Warum muss das sein?

Durch den Ordervermerk ist eine größere Sicherheit sowohl für den Aussteller als auch für Sie als Empfänger dadurch gewährleistet, dass bei Orderschecks eine Einlösung grundsätzlich nur dann erfolgt, wenn der Scheckvorleger sich durch eine ununterbrochene Indossamentenketten als der Berechtigte Scheckinhaber ausweisen kann. Insofern kann also zurückverfolgt werden, wer den Scheck eingelöst hat.

Cross-Selling-Ansatz:
- Unfallversicherung

1.15 Scheckzahlung

Ihr Kunde, Herr Egon Otto, ruft Sie an und erzählt Ihnen stolz, dass er sich ein neues Auto gekauft hat. Bei Abholung des Fahrzeuges kann er die Rechnung vereinbarungsgemäß per Scheck bezahlen.

Nun fragt er Sie, welchen Scheck er nehmen soll.

Was müssen Sie noch erfragen?

- Wie hoch ist die Summe, die Herr Otto bezahlen muss und
- verlangt der Autohändler einen besonderen Scheck?

Was können Sie Herrn Otto anbieten? Welche Möglichkeiten sieht Ihr Kreditinstitut vor?

Da es sich in diesem Fall um ein größere Summe handelt, wäre die Ausstellung von eurocheques mühevoll, da sich die Garantie[2] je Scheck auf 400,- DM beschränkt.

Alternative:

Herr Otto könnte auch einen normalen „Standardscheck" ausstellen. Er sollte dies jedoch vorab mit seinem Autohändler noch klären.

Alternative:

Möglich wäre auch noch ein sogenannter LZB-Scheck. In diesem Fall würden Sie das Konto des Kunden mit dem Scheckbetrag belasten und einen Scheck, gezogen auf das LZB-Konto Ihres Kreditinstitutes, aushändigen. Die Einlö-

---

[2] Die Garantie für eurocheques gibt es nur noch bis zum 31.12.2001

Fälle zu Kontoführung und Zahlungsverkehr

sung eines bestätigten LZB-Schecks garantiert die LZB innerhalb der Vorlegungsfrist von acht Tagen. Der Kunde kann den Scheck nicht sperren lassen, falls er nach Abholung seines Autos erhebliche Mängel feststellt. Der LZB-Scheck muß jedoch bestellt werden, und es fallen für den Kunden zusätzliche Kosten an. Unter Umständen reicht der preiswertere unbestätigte LZB-Scheck, was wiederum mit dem Autohändler abzustimmen ist.

Erkundigen Sie sich bei Ihrem Kreditinstitut über die Abwicklungsmodalitäten für LZB-Schecks; informieren Sie sich auch über die für Ihren Kunden entstehenden Kosten der jeweiligen Zahlungsabwicklung.

1.16 Kartenzahlung

Albertine Schwarz, Ihre 39 Jahre alte Kundin, kommt mit einem Zeitungsausschnitt zu Ihnen und fragt Sie:

Stimmt es, dass es ab 2002 keine eurocheques mehr gibt? Wie soll ich dann beim Einkaufen bezahlen?

Die eurocheques wird es noch geben, aber die damit verbundene Einlösungsgarantie in Verbindung mit der ec-Karte fällt weg. Andere Zahlungsmöglichkeiten haben das eurocheque-System überflüssig gemacht.

Für Bezahlung von Kleinbeträgen gibt es die GeldKarte. Auf Ihrer ec-Karte haben Sie einen eingebauten Chip, der die sogenannte GeldKartenfunktion beinhaltet. Sie können an unseren Terminals bzw. Geldautomaten Ihre Geldkarte bis zu 200,- EUR aufladen. Dieser Betrag wird sofort Ihrem Girokonto belastet. Beim Bezahlen im Geschäft oder in öffentlichen Verkehrsmittel wird der Betrag von Ihrer Karte abgebucht. Dadurch verringert sich der Ladebetrag auf Ihrer GeldKarte direkt. Dieser Zahlungsvorgang geht sehr schnell, da Sie weder unterschreiben noch Ihre PIN eingeben müssen.

Und wie ist es mit größeren Beträgen?

Für größere Zahlungen benutzen Sie die ec-Karte als sogenannte Debetkarte, das heißt, im Geschäft wird der Rechnungsbetrag in ein Terminal eingegeben, und Ihre ec-Karte wird mit Hilfe eines Kartenlesers gelesen. Sie geben - möglichst verdeckt - Ihre PIN ein und bestätigen den Rechnungsbetrag. Diese Informationen werden an den Netzbetreiber zwecks Autorisierung übersandt. Hier wird geprüft, ob die PIN richtig, die Karte gültig, ausreichend Kontodeckung und eventuell eine Kartensperre vorhanden sind. Wenn die Prüfung positiv verläuft und die Karte nicht gesperrt ist, erfolgt die Zahlungsautorisierung. Der Rechnungsbetrag wird innerhalb der nächsten Tage von Ihrem Girokonto abgebucht. Diese Umsätze sind, ähnlich wie beim eurocheque, für den Händler garantiert, und Sie können diese Zahlungsmöglichkeit überall nutzen, wo Sie das *electronic-cash*-Logo finden. In vielen europäischen Urlaubsländern sowie in den USA und Kanada können Sie diesen Service überall dort nutzen, wo Sie das *Maestro*-Logo finden.

Ich habe aber auch schon ohne PIN-Eingabe bezahlt.

Dies ist das so genannte POZ-Verfahren. Die Bezahlung erfolgt ähnlich, nur geben Sie keine PIN ein, sondern unterschreiben die vom Terminal ausgedruckte einmalige Einzugsermächtigung. Der Rechnungsbetrag wird als Lastschrifteinzug beleglos eingezogen. Rückgaben mangels Deckung oder wegen Widerspruchs durch Sie sind möglich.

Fälle zu Kontoführung und Zahlungsverkehr

Außerdem können Sie Bargeld an jedem ec-Geldautomaten im Inland und im europäischen Ausland abheben sowie in USA und Kanada an allen *Cirrus*-Geldautomaten.

Und was ist, wenn ich meine Karte verloren habe oder sie mir gestohlen wurde?

Dann rufen Sie uns sofort an, und wir sperren die ec-Karte; außerhalb unserer Geschäftszeiten gibt es einen zentralen Sperren-Annahmedienst unter der Rufnummer 0180 5 021 021; der zentrale Notdienst sperrt alle zu einem Konto ausgegebenen Karten. Zur Beschränkung der Sperre auf die abhandengekommene Karte setzen Sie sich dann bitte mit uns in Verbindung.

Kann denn in der Zwischenzeit jemand mit meine ec-Karte Zahlungen leisten?

Da die PIN nur Ihnen bekannt sein darf, kann theoretisch keiner im Rahmen von kartengarantierten Zahlungen über Ihr Konto verfügen. Verfügungen im Rahmen von Lastschrifteinzügen können Sie widersprechen, die Beträge werden Ihnen dann wieder gutgeschrieben. Für das Guthaben auf Ihrer GeldKarte tragen Sie das gleiche Risiko wie für Bargeld in Ihrer Geldbörse, man spricht daher auch von der elektronischen Geldbörse.

Bei Diebstahl oder missbräuchlicher Verwendung der Karte veranlassen Sie bitte unverzüglich auch eine Anzeige bei der Polizei.

Empfehlen Sie mir die ec-Karte als Reisezahlungsmittel?

Wenn Sie häufiger auf Reisen sind (auch in nichteuropäische Länder), dann empfehle ich Ihnen zusätzlich eine Kreditkarte. Die Belastungen, die sich aus Kreditkartenzahlungen ergeben, werden nicht einzeln, sondern gesammelt, einmal im Monat, abgebucht. Zusätzlich sind bei einigen Kreditkarten auch noch Versicherungsleistungen enthalten, die speziell bei Reisen interessant sind.

Machen Sie sich mit den Einsatzmöglichkeiten der ec-Karte und den damit in Verbindung stehenden Zahlungsverfahren vertraut.

Informieren Sie sich über das Leistungspaket, das mit den von Ihrem Institut vertriebenen Kreditkarten verbunden ist.

1.17 Beitragszahlung

Frau Nathalie Werner, Ihre Kundin, kommt zu Ihnen an den Schalter und bittet Sie um eine Auskunft. Sie hat ihre Mitgliedschaft im Tennisverein gekündigt. Die Beiträge sollen ab sofort nicht mehr bezahlt werden. Frau Werner möchte von Ihnen wissen, was sie zu veranlassen hat.

Welche Infos benötigen Sie noch?

Wie werden die Beiträge bezahlt? Per Dauerauftrag, als Lastschrifteinzug mit Einzugsermächtigung oder per Abbuchungsauftrag?

Sie erkennen aus den Kontounterlagen, dass es sich hier um einen *Dauerauftrag* handelt, der von Ihnen auf Weisung der Kundin gelöscht werden muss; Ausführungstermine beachten!

Alternative:

Falls es sich um eine *Einzugsermächtigung* handelt, erklären Sie Frau Werner, dass die Einzugsermächtigung beim Tennisverein liegt und diese dem Verein gegenüber zu widerrufen ist.

Alternative:

Hätte es sich um eine Lastschrift im *Abbuchungsermächtigungs*verfahren gehandelt, würde der Abbuchungsauftrag bei Ihrem Kreditinstitut vorliegen und müsste Ihrem Kreditinstitut gegenüber widerrufen werden; für Beitragseinzüge von Sportvereinen wäre dieses Verfahren jedoch untypisch.

Was muß ich unternehmen, wenn der Tennisverein dennoch abbuchen sollte?
Bei einer *Einzugsermächtigung* haben Sie nach Abbuchung die Möglichkeit, der Belastung zu widersprechen; dies sollte unverzüglich geschehen, möglichst

Fälle zu Kontoführung und Zahlungsverkehr

innerhalb von sechs Wochen nach Belastung. Der Betrag wird Ihrem Konto dann wieder gutgeschrieben.

Bei einem *Abbuchungsauftrag* prüft das Kreditinstitut bei Belastung, ob ein gültiger Auftrag vorliegt. Falls kein Auftrag vorliegt, wird die Belastung dem Konto wieder gutgeschrieben.

C Beratungsansätze zu Kontoführung und Zahlungsverkehr

Nachfolgend nennen wir einige häufig wiederkehrende Situationen der täglichen Praxis, in denen es angezeigt sein könnte, den vor Ihnen stehenden Kunden auf eine Kontoeröffnung anzusprechen und im beiderseitigen Interesse zum Geschäftsabschluß zu gelangen.

- Bareinzahlungen von Rechnungen regelmäßig an der Kasse
- Verrechnungsschecks werden regelmäßig zugunsten eines Sparkontos eingereicht
- Überweisungen sollen vom Sparkonto ausgeführt werden
- Überweisungseingänge auf Sparkonto mit anschließenden Verfügungen
- Eingänge auf den Namen des Bevollmächtigten (Girokonto)
- Sohn/Tochter von Kunden beginnt Ausbildung/Job

Bitte überlegen Sie weitere Anlässe, die geeignet sind, einen erfolgreichen Geschäftsabschluss mit Ihrem Kunden zu tätigen.

Beratungsansätze zum Zahlungsverkehr

In den folgenden alltäglichen Situationen erscheint es sinnvoll, Ihren Kunden auf sein Nutzungsverhalten zum Thema Zahlungsverkehr anzusprechen. Der Erfolg liegt sowohl im Interesse Ihrer Bank bzw. Sparkasse als auch im Kundeninteresse. Für beide ergeben sich ggf. Kostenvorteile und eine beschleunigte Abwicklung.

Bei Kontoeröffnung sollten Sie immer Hinweise auf verschiedene Zahlungsverkehrsmöglichkeiten geben, die Ihnen und dem Kunden das Leben erleichtern; geeignete Produkte:

- Dauerauftrag
- Lastschrifteinzugsverfahren
- Online-Banking
- Kartenzahlungen

Ihr Kunde reicht regelmäßig Überweisungen von wiederkehrenden Zahlungen ein, z. B. Energiekosten, Telefon, Miete:
- Dauerauftrag
- Lastschrifteinzugsverfahren
- Online-Banking

Ein Kunde hebt häufig Geld an der Kasse ab:
- ec-Karte
- Kreditkarte
- Geldkarte

Der Kunde möchte für den Urlaub Sorten bestellen; zusätzlich sollten Sie empfehlen:
- ec-Karte
- Kreditkarte
- Reiseschecks
- Unfallversicherung

Der Kunde gibt Überweisungen für eine Urlaubszahlung ab – idealer Ansatz zum Verkauf von:
- ec-Karte
- Kreditkarte
- Reiseschecks
- Unfallversicherung

Geld- und Vermögensanlage

 Allgemeines zur Geld- und Vermögensanlage

In diesem Kapitel zum Thema Geld- und Vermögensanlage weisen wir Sie auf Situationen beziehungsweise Umstände hin, die bei der Bearbeitung und Lösung der Fälle von Bedeutung sind. Außerdem möchten wir noch Tipps und Erfahrungen weitergeben, die wir in unserer eigenen Berufspraxis gemacht haben.

Ein wichtiges Element in der Kundenberatung ist die Vorbereitung auf ein Beratungsgespräch. Anhand der folgenden Aufzählung möchten wir Ihnen vorstellen, wie wir den Check-up betreiben. Ergänzen Sie die Liste gern mit Ihren eigenen Ideen.

Immer wieder wurde uns bewusst, dass es sinnvoll ist, die innere Einstellung zu bestimmten Produkten beziehungsweise Neuerungen zu überprüfen. Stellen Sie fest, welche Angebote Ihres Instituts Ihnen weniger sympathisch sind. Wir schlagen vor, Sie überzeugen sich selbst von den positiven Aspekten, die diese Angebote mit sich bringen. Und überlegen Sie, für welche Klientel gerade dieses Produkt das passende sein könnte.

Vorbereitende Maßnahmen:
- Computerabfragen über die Gesamtgeschäftsverbindung des Kunden vornehmen
- SCHUFA-Abfragen
- Freistellungsauftrag vorhanden und wie weit ausgeschöpft?
- Aktuelle Kontoauszüge
- Depotinhalte und deren Bewertung
- Ggfs. identische Abfragen für die Partner
- Ggfs. Zusammenstellung der Materialien/Unterlagen
- Gesprächsfördernde Atmosphäre schaffen (Diskretion)
- Arbeitsplatz wirkt „aufgeräumt"
- Checkup: Alter des Kunden, Familienstand, Hobbies, Beruf
- Checkup von geführten Vorgesprächen
- Arbeitsplatz ist beratungsorientiert eingerichtet (Hard- und Software, Schreibutensilien etc.)
- Strukturierung der Anlage (siehe nächste Seite)
- Wertpapierhandelsgesetz (siehe folgende Seiten)

Strukturierung der Anlage:

Die Strukturierung des Vermögens bzw. die Aufteilung des Anlagekapitals auf verschiedene Anlageformen und/oder Währungen ist seit geraumer Zeit unter dem Begriff **„Asset Allocation"** in die Kundenberatung eingegangen. Dies ist

- ein permanenter Prozess der Strukturierung von Portfolios (Vermögensanlagen eines Kunden)
- anhand der Risikobereitschaft und des Anlagezieles des Anlegers sowie der Risikoprofile der Märkte.

Eine aktive Asset Allocation stellt ständig einen Ausgleich zwischen den Anlagezielen und der Risikobereitschaft einerseits sowie den Erwartungsgrößen für die Märkte andererseits her. Ausgehend von der Risikobereitschaft des Anlegers können z. B. die Depotstrukturen

- ertragsorientiert (Anleger ist konservativ orientiert und an ständigen Zinseinnahmen interessiert)
- ertrags- und wachstumsorientiert (Anleger ist sowohl an ständigen Zinseinnahmen als auch an Kursgewinnen interessiert),
- wachstumsorientiert sein (Anleger ist überwiegend an Kursgewinnen interessiert).

Wertpapierhandelsgesetz

Seit dem 01.01.1995 sind von Kreditinstituten, Börsenmaklern und zugelassenen Wertpapierfirmen Wohlverhaltensregeln nach dem Wertpapierhandelsgesetz einzuhalten:

1. Allgemeine Verhaltensregeln in der Kundenberatung:

Verpflichtung,

- Sachkenntnis, Sorgfalt und Gewissenhaftigkeit im Interesse des Kunden anzuwenden
- sich um die Vermeidung von Interessenkonflikten zu bemühen
- bei unvermeidbaren Interessenkonflikten Kundenaufträge unter Wahrung der Kundeninteressen auszuführen
- vom Kunden Angaben zu verlangen über
  - seine Erfahrungen oder Kenntnisse in dem beabsichtigten Geschäft
  - die Ziele, die mit der Anlage verfolgt werden
  - seine finanziellen Verhältnisse
- dem Kunden alle zweckdienlichen Informationen mitzuteilen.

Dies bedeutet für die Beratungspraxis: Der Kunde muss richtig, sorgfältig und verständlich über das Anlageobjekt und die Risiken aufgeklärt werden. Das Anlageobjekt muss mit den Bedürfnissen des Kunden übereinstimmen. Ggfs.

A Allgemeines zur Geld- und Vermögensanlage

ist das Kreditinstitut in der Nachweispflicht. Daher werden Formblätter als Gesprächsnotiz und Informationsbroschüren in der Beratung eingesetzt.

2. **Besondere Verhaltensregeln im Marktverhalten:**

   Verbot,
   - Kunden Anlageempfehlungen zu erteilen, wenn und soweit die Empfehlung nicht mit den Kundeninteressen übereinstimmt
   - Kunden Anlageempfehlungen zu dem Zweck zu erteilen, die Preise für Eigengeschäfte des Kreditinstitutes in eine bestimmte Richtung zu lenken
   - Eigengeschäfte aufgrund der Kenntnis eines Kundenauftrages abzuschließen, die Nachteile für den Kunden zur Folge haben können.

3. **Organisations-, Aufzeichnungs- und Aufbewahrungspflichten in der betrieblichen Organisation:**

   Verpflichtung,
   - Mittel und Verfahren für die ordnungsmäßige Durchführung der Wertpapier-Dienstleistungen vorzuhalten und wirksam einzusetzen
   - die Organisation so zu gestalten, dass Interessenkonflikte zwischen dem Kreditinstitut und seinen Kunden bzw. zwischen verschiedenen Kunden möglichst gering sind
   - über angemessene interne Kontrollverfahren Verstößen gegen das WpHG entgegenzuwirken
   - Kundenweisungen und Auftragsausführungen aufzuzeichnen.

Siehe weitere Informationen in unserem Lehrbuch „Das Wissen der Bankkaufleute" im Gabler Verlag.

B   Fälle zur Geld- und Vermögensanlage

2.1 Vermögenswirksame Leistungen mit Prämie

Der 18-jährige Max Winkler hat vor wenigen Wochen seine Ausbildung als Kfz-Mechaniker begonnen. Von seinen Mitauszubildenden hat er erfahren, dass seine Kollegen eine zusätzliche monatliche Zahlung von 40,- EUR vom Arbeitgeber erhalten. Von Ihnen möchte er jetzt wissen, wie er den Betrag anlegen kann.

Kundenprofil:

Name:	Max Winkler
Alter:	18 Jahre
Familienstand:	ledig
Beruf:	Kfz-Mechaniker-Azubi
Eigenschaften:	lässiger Typ, läßt sich nicht einengen, ist risikobereit
Einkommen:	400,- EUR im ersten Ausbildungsjahr
Feste Kosten:	125,- EUR mtl. für den Sportverein und das Auto, er wohnt bei seinen Eltern, dort muss er nichts abgeben
Rücklagen:	ein Sparkonto mit 255,- EUR

Welche Fragen stellen Sie Ihrem Kunden zu diesem Zeitpunkt?

c) Besitzen Sie schon detaillierte Informationen über Vermögenswirksame Leistungen?

   Nein, ich habe nur geringe Informationen von Arbeitskollegen.

d) Welche finanziellen Ziele verfolgen Sie für ihre Zukunft?

   Irgendwann möchte ich mal eine eigene Wohnung mieten, außerdem will ich auf Möbel, einen PC und meinen Urlaub sparen.

e) Sollen über den Anlagebetrag von 40,- EUR hinaus noch eigene Mittel eingesetzt werden?

Na ja, so ca. 100,- EUR habe ich schon noch über.

f) Welche Gedanken haben Sie sich im Rahmen Ihrer persönlichen Absicherung gemacht?

Wie meinen Sie das?

Haben Sie schon eine Anlageform, die z. B. bis ins Rentenalter hinein reicht?

So langfristig plane ich jetzt noch nicht.

g) Wie sieht es für Sie finanziell zum Beispiel bei einem Unfall aus?

Darüber habe ich mir noch keine Gedanken gemacht, es interessiert mich aber.

Bitte fassen Sie die gesammelten Informationen zusammen.

Welche Empfehlung geben Sie dem Kunden aufgrund dieser Informationen?

Arbeiten Sie die Vorteile Ihrer Anlageempfehlung heraus.

Anlageempfehlung:

Um in optimaler Weise die staatliche Förderung in Anspruch nehmen zu können, empfehle ich folgende Anlagen: Für eine mögliche überdurchschnittliche Rendite, auf längere Sicht, sollten Sie auf das Jahr gesehen 408,- EUR im Fondssparen anlegen.

Der Arbeitgeber sollte monatlich die 40,- EUR zu Gunsten eines Bausparvertrages einzahlen. 512,- EUR im Jahr sollten Sie hier auch noch aus eigener Tasche dazugeben, um die maximale Förderung auszuschöpfen. Auch bei dieser flexiblen Anlageform können Sie nach Ablauf der Bindungsfristen über Ihr Guthaben frei verfügen.

Um sich gegen die finanziellen Folgen eines Unfalls abzusichern, sollten Sie ca. 10,- EUR in eine Unfallversicherung investieren.

Fälle zur Geld- und Vermögensanlage

Anlagealternative:

Ich empfehle Ihnen, die 40,- EUR vermögenswirksame Leistungen in eine Fondsanlage zu sparen. Bei einer gewissen Risikobereitschaft können Sie hier eine hohe Wertentwicklung erreichen. Zusätzlich profitieren Sie von der staatlichen Zulage und können zudem im Bedarfsfall über Ihr Geld verfügen. Um sich jedoch die Vorteile zu erhalten, ist eine Mindestanlagezeit einzuhalten. Zusätzlich lege ich Ihnen einen Sparvertrag nahe, über den Sie flexibel zu attraktiven Zinsen auf Ihre persönlichen Ziele hin sparen können. Im übrigen empfiehlt sich gerade als Berufsanfänger der Abschluß einer Unfallversicherung.

Unbedingt beachten:

- Aufklärung nach dem Wertpapierhandelsgesetz erforderlich
- Freistellungsauftrag

2.2 Institutswechsel

Sie bekommen von Ihrer Kollegin einen neuen Kunden übergeleitet. Die Kollegin erzählt Ihnen, dass der Kunde mit seiner jetzigen Bankverbindung nicht so zufrieden ist und die Fälligkeit seiner vermögenswirksamen Leistungen zum Anlass genommen hat, eine neue Geschäftsverbindung einzugehen und seine VL-Leistungen anzulegen.

Kundenprofil:

Name:	Lars Richter; Neukunde
Eigenschaften:	sehr konservativ, eher zurückhaltend
Alter:	28 Jahre
Familienstand:	ledig
Kinder:	keine
Beruf:	kfm. Angestellter in einer Spedition
Einkommen:	ca. 1 450,- EUR monatlich
Belastungen:	775,- EUR Miete inkl.; Versicherungen ca. 40,- EUR mtl.; Mobilfunk ca. 35,- EUR ; Kfz-Kosten 150,- EUR.

Berechnen Sie bitte zunächst das frei verfügbare Einkommen.

Welche Fragen stellen Sie Ihrem Kunden?

a) Wie hatten Sie Ihre vermögenswirksamen Leistungen bei Ihrer vorherigen Bank angelegt?

Als Sparvertrag über sieben Jahre.

b) Welche persönlichen Ziele sind Ihnen wichtig?

Schaffung von Eigenheim, berufliche Weiterentwicklung, Familiengründung.

Fälle zur Geld- und Vermögensanlage

c) Welches Ziel ist Ihnen am wichtigsten, und in welchem Zeitraum wollen Sie Ihr Ziel verwirklichen?

In ca. sieben Jahren möchte ich ein Eigenheim kaufen.

d) Welche Anlageformen nutzen Sie bereits?

Ich habe eine Lebensversicherung und festverzinsliche Wertpapiere im Wert von zusammen 25 000,- EUR.

e) Welche Anlagewünsche haben Sie bezüglich der fälligen Anlage?

Rücklagenbildung für das Eigenheim.

f) Welche Rolle spielt der Faktor „Sicherheit" in Ihren Überlegungen?

Sicherheit ist mir schon wichtig, aber ich hätte auch gerne mehr Zinsen.

Fassen Sie die gesammelten Informationen zusammen.

Welche Empfehlung sprechen Sie Ihrem Kunden gegenüber aus? Arbeiten Sie in diesem Zusammenhang drei Vorteile in Ihrer Anlageempfehlung heraus.

Anlageempfehlung:

Ich empfehle Ihnen, Ihre vermögenswirksamen Leistungen in einem Bausparvertrag anzulegen, um sich so schon heute günstige Darlehenszinsen für die Anschaffung Ihres Eigenheims zu sichern. Außerdem haben Sie jederzeit die Möglichkeit, Sonderzahlungen zu leisten. Darum sollten wir die fällige Anlage auch als einmalige Zahlung auf den Vertrag überweisen, um in den Genuss einer höheren Bausparsumme zu kommen.

Darüber hinaus haben Sie die Möglichkeit, das Bauspardarlehen für bestimmte Umbauten in Mietwohnungen zu nutzen.

Diese Anlageempfehlung ist möglich, allerdings wurde dem Kundenwunsch nach Rücklagenbildung und höheren Erträgen nicht umfassend Rechnung getragen.

Anlagealternative:

Ich biete Ihnen die Anlage Ihrer vermögenswirksamen Leistung in einem Bausparvertrag an, damit Sie sich schon heute günstige Darlehenszinsen für die

Anschaffung Ihres Eigenheims sichern. Außerdem empfehle ich Ihnen, Ihr fälliges Kapital in festverzinslichen Wertpapieren mit identischer Laufzeit wie die vermögenswirksame Anlage anzulegen.

Aus unserer Sicht wird diese Anlageempfehlung sowohl dem Interesse Ihres Kreditinstitutes unter Ertragsgesichtspunkten als auch dem Kundenwunsch nach „ein bisschen mehr Zinsen" nicht optimal gerecht.

Anlagealternative:

Ich favorisiere für Sie die Anlage Ihrer vermögenswirksamen Leistung in einem Bausparvertrag zur Realisierung Ihres Zieles, Eigentum zu bilden. Um Ihrem Wunsch nach relativ sicherer Anlage mit „mehr Zinsen" zu entsprechen, empfehle ich Ihnen, die fällige Anlage in einen Fonds mit 80 % festverzinslichen Wertpapieren und 20 % Aktien zu investieren.

Des weiteren sollten wir heute schon Ihre Familienabsicherung mit Einbindung steuerlicher Vorteile im Rahmen einer Direktversicherung besprechen. So ganz nebenbei bilden Sie Rücklagen für Ihr Alter.

Bei dieser Anlagealternative haben wir sowohl den Ertragsgesichtspunkten als auch dem Kundenwunsch nach Sicherheit und mehr Zinsen am meisten Rechnung getragen.

Unbedingt beachten:

- Aufklärung nach dem Wertpapierhandelsgesetz erforderlich
- Freistellungsauftrag

Cross-Selling-Ansätze:

- Unfallversicherung
- Servicepaket Giro

2.3 Familienabsicherung mit Fördermaßnahmen

Jens Lehmann hat von seinem Berater erfahren, dass sein vermögenswirksamer Sparvertrag abläuft. Im Gespräch stellt sich heraus, dass die Budgetrechnung nach der Heirat und der Geburt seines ersten Kindes sehr eng ist. Herr Lehmann tendiert wieder zu einer identischen Anlage.

Kundenprofil:

Name:	Jens Lehmann
Familienstand:	verheiratet, 1 Kind, 2 Monate alt
Beruf:	kfm. Sachbearbeiter
Eigenschaften:	eher konservativ, spielt Lotto, lehnt Bausparverträge ab, ist nicht bereit, ein Risiko einzugehen.
Hobbies:	Handball und Urlaub
Einkommen:	1 650,- EUR inkl. Kindergeld
Ausgaben:	760,- EUR für Miete inkl. Strom + Telefon, 15,- EUR für den Sportverein, 150,- EUR Kfz-Kosten, 660,- EUR Lebensunterhalt.

Welche Fragen stellen Sie dem Kunden?

a) Welche Anlageziele verfolgen Sie?

   Das Geld aus dem fälligen Sparvertrag soll als Rücklage für Notfälle angelegt werden. Außerdem soll ein neuer Vertrag für die vermögenswirksamen Leistungen abgeschlossen werden.

b) Wie langfristig soll das Geld angelegt werden? Ist ein ständiger Zugriff erforderlich?

   Das Geld sollte verfügbar sein, sicher angelegt und nicht länger als drei Jahre gebunden sein.

c) Wie wichtig ist Ihnen persönlich die Absicherung für Sie und Ihre Familie?

   Schon sehr wichtig, aber zur Zeit finanziell nicht möglich.

d) Besteht für Ihr Kind schon eine Ausbildungsversicherung bzw. werden Rücklagen z. B. durch Verwandte gebildet?

Soweit ich weiß, nicht.

Bitte formulieren Sie eine Zusammenfassung der von Ihnen ermittelten Informationen.

Welche Empfehlung geben Sie dem Kunden? Arbeiten Sie dabei die Kernargumente heraus.

Anlageempfehlung:

Legen Sie die vermögenswirksamen Leistungen erneut in einem klassischen Sparvertrag an. Das frei werdende Kapital sollten Sie im Bereich der festverzinslichen Wertpapiere anlegen. So erreichen Sie jeweils eine sehr sichere Anlage, bei der Sie auch flexibel verfügen können. Zunächst empfehle ich Ihnen den Abschluss einer Familienunfallversicherung sowie die Zukunftsabsicherung Ihres Kindes durch z. B. eine Ausbildungsversicherung. Ich rechne Ihnen einmal ein Beispiel aus, bei dem wir eine Absicherung erreichen, die Ihre Budgetrechnung nicht sprengt.

Anlagealternative:

Unter dem positiven Aspekt der Absicherung Ihrer Familie bietet es sich an, die vermögenswirksamen Leistungen des Arbeitgebers in eine Kapitallebensversicherung zu investieren.

Das Kapital aus dem alten Vertrag legen Sie am besten auf einem Sparkonto mit einem festen Zins an. Zusätzlich empfehle ich den Abschluß einer Familienunfallversicherung sowie die Zukunftsabsicherung Ihres Kindes durch z. B. eine Ausbildungsversicherung. Ich rechne Ihnen einmal ein Beispiel aus, bei dem wir eine Absicherung erreichen, die Ihre Budgetrechnung nicht sprengt.

Information an den Kunden: Beim Bausparen und Fondssparen wäre eine staatliche Förderung möglich.

Fälle zur Geld- und Vermögensanlage

2.4 Kontensparen

Ihr Kassierer leitet die Kundin Karin Semmler an Sie über. Nachdem Sie der Kundin Platz angeboten haben, weist der Kassierer Sie darauf hin, dass monatlich ca. 100,- EUR per Plussparen/Überschusssparen o. ä. auf das Sparkonto übertragen werden. Im folgenden Gespräch stellt sich heraus, dass Frau Semmler 50,- EUR durchaus regelmäßig sparen könnte. Sie sagt aber auch, dass es ihr wichtig sei, schnell und unbürokratisch über das Geld zu verfügen.

Kundenprofil:

Name:	Karin Semmler
Alter:	56 Jahre
Familienstand:	verheiratet
Kinder:	sind schon aus dem Haus
Beruf:	Hausfrau
Eigenschaften:	sehr zurückhaltend, wirkt eher unsicher
Einkommen:	Haushaltsgeld mtl. 400,- EUR von ihrem Ehemann

Welche Fragen stellen Sie der Kundin zu diesem Zeitpunkt?

a) Welche Erfahrungen haben Sie schon mit etwaigen Anlageformen gemacht?

Keine, bis auf das Giro- und Sparkonto.

b) Welches Ziel verfolgen Sie mit dem regelmäßigen Ansparen auf dem Sparkonto?

Rücklage für Notfälle oder besondere Ausgaben. Teilweise auch zur Ansparung für ein Ziel wie z. B. ein Möbelstück.

c) Wie lange wollen Sie sparen, und muß ein ständiger Zugriff möglich sein?

Das Geld kann mittel- bis langfristig angelegt werden. Ein ständiger Zugriff ist nicht nötig, da die restlichen 50,- EUR weiter auf das Sparkonto gehen und im Bedarfsfall zur Verfügung stehen.

d) Welche Rolle spielt der Faktor Sicherheit bei Ihren Überlegungen?

    Eine große Rolle, das Geld soll auf jeden Fall sicher angelegt werden.

e) Wie sind Sie abgesichert, falls Ihnen einmal etwas zustoßen sollte?

    Weiß ich nicht – muss mit meinem Mann geklärt werden; ich bin nur krankenversichert.

    Terminvereinbarung anbieten.

f) Dann sollten wir mit Ihrem Mann gemeinsam noch einmal einen Termin vereinbaren; passt es Ihnen besser am Vormittag oder am Nachmittag?

    Ja, das können wir machen. Mein Mann kann allerdings nur nachmittags Termine wahrnehmen.

g) Welche Wünsche haben Sie an eine ausreichende Absicherung, und wie viel ist Ihnen die Absicherung monatlich wert?

    Ich habe keine Unfall- und/oder Lebensversicherung. Für die Absicherung möchte ich nicht mehr als 5,- EUR bis 10,- EUR bezahlen. Außerdem möchte ich keine zusätzlichen Kosten bei einem Krankenhausaufenthalt haben, und der Versicherungsschutz sollte rund um die Uhr gelten.

Bitte formulieren Sie eine Zusammenfassung der von Ihnen ermittelten Informationen.

Welche Anlageempfehlung geben Sie der Kundin?

Arbeiten Sie in diesem Zusammenhang die Vorteile in Ihrer Anlageempfehlung heraus.

Anlageempfehlung:

Dann empfehle ich Ihnen einen Sparvertrag mit selbst bestimmbarer Laufzeit, weil Sie damit eine hohe Verzinsung nebst Bonus erzielen, es sich um eine sichere Anlage handelt und Sie sich im Bedarfsfall einen jederzeitigen Zugriff sichern. Außerdem schlage ich vor, im Hinblick auf Ihre persönliche Absicherung einen gemeinsamen Gesprächstermin mit Ihnen und Ihrem Mann zu vereinbaren.

Fälle zur Geld- und Vermögensanlage

Anlagealternative:

Ich empfehle Ihnen, die 50,- EUR aufzuteilen, in einen Sparvertrag mit selbst bestimmbarer Laufzeit (40,- EUR) und eine Unfallversicherung (10,- EUR). Sie erzielen damit einschließlich Bonus eine höhere Verzinsung als auf einem „normalen" Sparkonto. Es handelt sich um eine sichere Anlage, und Sie sichern sich im Bedarfsfall einen jederzeitigen Zugriff. Auch die persönliche Absicherung haben wir noch integriert. Das Sparkonto mit einer Kündigungsfrist von drei Monaten bleibt mit dem Plussparauftrag/Überschusssparen bestehen, um einen jederzeitigen Zugriff zu haben.

Anlagealternative:

Ich biete Ihnen die Anlage in Fonds mit der Chance auf höhere Erträge an. Bei dieser Anlageempfehlung mache ich Sie darauf aufmerksam, dass es keine hundertprozentige Sicherheit gibt und Ihnen zusätzliche Kosten entstehen.

Diese Anlage ist gemäß dem Kundenprofil aus unserer Sicht hier nicht kundenorientiert.

Unbedingt beachten:
- Aufklärung nach dem Wertpapierhandelsgesetz erforderlich
- Freistellungsauftrag

2.5 Mitbewerberangebot im Anlagebereich

Ihr 63 Jahre alter Kunde Uwe Winkler kommt zu Ihnen und möchte sein Sparkonto mit dreimonatiger Kündigungsfrist mit 20 000,- EUR Guthaben auflösen, weil er bei dem Mitbewerber gegenüber einen besseren Zinssatz bekommt. Sie haben Herrn Winkler als sehr sicherheits- und konditionsbewußten Kunden kennengelernt. Außerdem ist Ihnen aus vorherigen Gesprächen bekannt, dass der Kunde kurzfristige, möglichst jederzeit verfügbare Anlagen tätigt.

Welche Fragen stellen Sie dem Kunden zu diesem Zeitpunkt?

a) Was reizt Sie an der Anlage des Mitbewerbers?

Mich reizt die hohe Verzinsung, und außerdem ist das Geld jederzeit verfügbar.

b) Was haben Sie mit dem Geld konkret geplant?

Eigentlich ist das ein Notgroschen, man weiß ja nie, ob das Auto erneuert werden muß oder eventuell Heimkosten gezahlt werden müssen. In einem halben Jahr möchte ich mit meiner Frau eine große Reise machen. Der größte Teil des Geldes ist dann verbraucht.

Finanzielle Neuorganisation zur Optimierung der Erträge anbieten.

Fassen Sie die gesammelten Informationen zusammen.

Welche Empfehlung geben Sie Ihrem Kunden? Arbeiten Sie in diesem Zusammenhang die Vorteile in Ihrer Anlageempfehlung heraus.

Anlageempfehlung:

Dann empfehle ich Ihnen zum einen unsere Anlageform mit Mindestanlagesumme als Voraussetzung für einen höheren Zinssatz und / oder Bonus mit der

Fälle zur Geld- und Vermögensanlage

Möglichkeit, pro Monat 1 500,- EUR verfügen zu können und im Notfall das gesamte Guthaben sofort und unbürokratisch zu erhalten.

Zum Anderen biete ich Ihnen zur Optimierung des Zinsertrages die Anlage der verbleibenden Restsumme auf einem Sparkonto mit einer festen Zinsvereinbarung für ein Jahr. Eine vorzeitige Verfügung ist im Notfall möglich. Außerdem entstehen keine Gebühren beziehungsweise Kosten.

Anlagealternative:
Vor dem Hintergrund Ihrer geplanten Reise in einem halben Jahr favorisiere ich die Anlage auf einem Sparkonto für diesen Zeitraum mit einem Sonderzinssatz. Damit Sie rechtzeitig zum Reisebeginn über das Geld verfügen können, sollten Sie fristgerecht kündigen.

Anlagealternative:
Eine Termingeldanlage ist hier nicht empfehlenswert, da keine jederzeitige Verfügbarkeit gegeben ist. Der Zinssatz ist häufig nicht so attraktiv wie bei den vorangegangenen Anlageempfehlungen.

Geldmarktfonds und Anlagen in Rentenwerten mit kurzen Restlaufzeiten sind in diesem Fall aufgrund der anfallenden Gebühren und Spesen nicht als kundenorientierte Anlage zu bewerten.

Cross-Selling-Ansätze:
- Familienunfallversicherung
- Kreditkarte

2.6 Mietkaution

Jana Winkler hat vor drei Monaten ihre Ausbildung beendet und zieht in der nächsten Woche mit ihrem Freund, Jonas Merck, in die erste gemeinsame Wohnung zusammen. Der Vermieter bittet um Zahlung einer Mietkaution in Höhe von 1 500,- EUR. Die Miete wird sich auf 750,- EUR inkl. Nebenkosten belaufen. Die Kunden haben im Anschluss einen Termin mit ihrem Vermieter.

Kundenprofil:

Name:	Jana Winkler	Jonas Merck
Eigenschaften:	selbstbewusst, modern, aufgeschlossen, wirkt offen	freundlich, eher unbedarft
Alter:	21 Jahre	23 Jahre
Beruf:	Versicherungsfachangestellte	Elektrotechniker
Einkommen:	1 000,- EUR abzüglich 125,- EUR Versicherung 175,- EUR Kfz-Kosten inkl. Leasing 650,- EUR Lebensunterhalt für beide	1 075,- EUR abzüglich 60,- EUR Fitness-Studio 200,- EUR Kfz-Kosten 40,- EUR Versicherung

Wie hoch ist das frei verfügbare Einkommen?

Stellen Sie einen Fragenkatalog zusammen, den Sie mit den Kunden gemeinsam durchgehen.

a) Haben Sie mit Ihrem Vermieter schon geklärt, in welcher Form die Mietkaution gestellt werden soll?

Nein, welche Möglichkeiten haben wir denn?

b) Es gibt die Möglichkeit, den geforderten Betrag einzuzahlen und zu verpfänden oder eine Bürgschaft der Bank in Anspruch zu nehmen. Bevorzugt der Vermieter eine der beiden Varianten?

Nein, er lässt uns da freie Hand.

c) Haben Sie bereits Rücklagen gebildet, um die Kaution zu entrichten?

Ja, wir haben 2 500,- EUR gespart, die wir für die Kaution und Renovierung der Wohnung einsetzen können.

d) Gibt es im Zusammenhang mit der Wohnung noch weiteren Finanzierungsbedarf?

Akut eigentlich nicht, da wir bereits über eine Grundausstattung verfügen. Aber in absehbarer Zeit möchten wir schon gerne das Eine oder Andere erneuern oder ergänzen.

e) Welche weiteren finanziellen Ziele verfolgen Sie für Ihre Zukunft?

Zur Zeit ist uns erst mal die Wohnung wichtig, und wir wollen natürlich auch noch mal in den Urlaub fahren. Eventuell wollen wir uns irgendwann einmal Eigentum anschaffen und eine Familie gründen, aber das ist wirklich noch Zukunftsmusik.

Welche Cross-Selling-Ansätze ziehen Sie aus den vorgenannten Informationen?

- Privatdarlehen
- Sparvertrag
- Bausparen
- Reisezahlungsmittel
- Kreditkarte
- Unfallversicherung
- Altersvorsorge/Hinterbliebenenschutz
- Fonds

Anlageempfehlung:

Ihrem Wunsch entsprechend sollten wir heute die Verpfändungserklärung über 1 500,- EUR zu Gunsten Ihres Vermieters veranlassen. Außerdem habe ich festgestellt, dass Sie zusammen über ein freies Einkommen von ca. 100,- EUR verfügen. Damit wir die optimale Rücklagenbildung für Sie erreichen, sollten wir uns zu einem weiteren Gesprächstermin verabreden. Passt es Ihnen nächste Woche zur gleichen Zeit?

Ja, das passt uns sehr gut.

Bitte bringen Sie doch zu unserem nächsten Gesprächstermin Ihre Versicherungsunterlagen mit, damit wir alles bei der Strukturierung Ihrer Anlage berücksichtigen.

2.7 Vermögensstrukturierung

Eine Kollegin hat vor einigen Tagen im Zuge einer Erbauseinandersetzung für Ihren Kunden Philipp Buchner Spareinlagen und Wertpapiere übertragen. Ihr Kunde ist in Fragen der Kapitalanlage noch unerfahren und weiß nicht, wie er sich hinsichtlich des ererbten Vermögens verhalten soll. Deshalb hat die Kollegin einen Beratungstermin für den Kunden mit Ihnen vereinbart. Ihr Kunde wird in 15 Minuten bei Ihnen erscheinen.

Hinweis: Die Behandlung erbrechtlicher und erbschaftsteuerlicher Fragen gehört nicht zur Aufgabenstellung.

Kundenprofil:

Name:	Philipp Buchner
Alter:	35 Jahre
Familienstand:	ledig
Beruf:	kfm. Angestellter im Außendienst
Einkommen:	2 100,- EUR
Ausgaben:	Miete 600,- EUR, Auto 225,- EUR, Sport 100,- EUR, Lebensunterhalt 500,- EUR, Versicherungen 150,- EUR, Kfz.-Leasing 315,- EUR
Rücklagen:	bei einem anderen Kreditinstitut liegen 6 000,- EUR auf Sparkonten, 1 500,- EUR regelmäßiges Giroguthaben
Verbindlichkeiten:	7 500,- EUR Leasing-Restkapital
Geerbtes Vermögen:	12 500,- EUR auf einem Sparkonto 60 000,- EUR Wertpapiervermögen davon 15 000,- EUR Schuldverschreibungen Ihres Kreditinstitutes, Nominalzins 4,5 %, fällig im nächsten Jahr im September, Kurs 99,70 % sowie 45 000,- EUR Bundesanleihe, Nominalzins 8 %, fällig im Mai in 2 Jahren, Kurs 105,42 %

Wie hoch ist das frei verfügbare Einkommen?

Fälle zur Geld- und Vermögensanlage

Welche Fragen stellen Sie Ihrem Kunden?

a) Haben Sie schon Erfahrungen im Bereich der Vermögensanlage gesammelt?

Bis auf die Anlage auf dem Sparkonto habe ich noch keine weiteren Anlageformen genutzt.

b) Welche Rolle spielt der Faktor Sicherheit in Ihren Überlegungen?

Was meinen Sie denn mit Sicherheit?

c) Sind für Sie garantierte Verzinsung und Kapitalerhalt von elementarer Bedeutung?

Im Großen und Ganzen ist mir das schon wichtig, aber ich könnte mir auch für Teile des Geldes einen gewissen Risikoanteil vorstellen.

d) Welche persönlichen Ziele verfolgen Sie kurz-, mittel- und langfristig?

Ich möchte in zwei bis drei Jahren ein neues Auto für ca. 25 000,- EUR kaufen. Und ich plane, eventuell in fünf bis sechs Jahren eine Eigentumswohnung zu erwerben.

e) Welche Rolle spielen die Verfügbarkeit und steuerliche Aspekte bei Ihren Überlegungen?

Also, meine Reserve auf dem Sparkonto will ich behalten. Aber ansonsten kann das Geld gut angelegt werden, und Steuern möchte ich nach Möglichkeit auch nicht zahlen.

f) Bei der Vorbereitung auf unser Gespräch habe ich festgestellt, dass Sie durchschnittlich ein frei verfügbares Einkommen von ca. 210,- EUR haben. Ist das richtig?

Ja, das kommt ungefähr hin.

g) Können Sie sich vorstellen, das freie Einkommen gewinnbringender anzulegen?

Ja, natürlich.

h) Welche Versicherungen verbergen sich hinter den monatlich 150,- EUR?

Eine Unfall- und Lebensversicherung, die ich mit 60 Jahren ausgezahlt bekomme. Außerdem ist dort eine Zusatzversicherung für die Berufsunfähigkeit enthalten.

Fassen Sie die gesammelten Informationen zusammen. Welche Empfehlungen und Anlagetipps geben Sie Ihrem Kunden?

Anlageempfehlung:

Ich biete Ihnen an, die 7 500,- EUR Restkapital beim Autoleasing aus der geerbten Spareinlage abzulösen. Ihr eigenes Sparkonto verbleibt als eiserne Reserve.

Für die geerbten Vermögenswerte schlage ich Ihnen folgendes Anlagesplitting vor: Die 15 000,- EUR bleiben im Wertpapierdepot mit der einjährigen Restlaufzeit. Die Bundesanleihe in Höhe von 45 000,- EUR sollte mit steuerfreiem Kursgewinn veräußert werden, um dann 25 000,- EUR als Einmalanlage in die Vermögensverwaltung mit Ausrichtung Ertragsorientierung zu geben. Es handelt sich hierbei um ein fondsgebundenes Vermögensmanagement, bei dem Ihr Geld von Fondsmanagern gemäß Ihrer grundsätzlichen Anlagerichtung angelegt wird.

Für 20 000,- EUR sollten ebenfalls unter Berücksichtigung Ihrer steuerlichen Situation niedrigverzinsliche Anlagen mit einer Laufzeit von zwei bis drei Jahren gekauft werden.

Die verbleibenden 5 000,- EUR auf dem geerbten Sparkonto empfehle ich, in einen aussichtsreichen Branchen- oder Spezialfonds zu investieren.

Darüber hinaus kann ein monatlicher Beitrag von 150,- EUR zur Ansparung eines Guthabens in einen Bausparvertrag eingezahlt werden. Sie sichern sich auf diesem Wege außerdem eine günstige Teilfinanzierung Ihrer Wohnung, die von Zinsschwankungen am Kapitalmarkt unabhängig ist.

Unbedingt beachten:
- Aufklärung nach dem Wertpapierhandelsgesetz erforderlich
- Freistellungsauftrag

Cross-Selling-Ansätze:
- Rentenversicherung
- Sparbucheinzug

Fälle zur Geld- und Vermögensanlage

2.8 Sparklub

Frau Elfriede Kling hat mit ihren Nachbarinnen einen Sparklub gegründet, um dann von dem ersparten Geld einmal im Jahr eine kleine Städtetour zu unternehmen. Frau Kling möchte nun noch einige Dinge klären und auch einen Freistellungsauftrag erteilen.

Kundenprofil:

Name:	Elfriede Kling
Alter:	61 Jahre
Familienstand:	verheiratet
Kinder:	keine
Beruf:	Rentnerin
Eigenschaften:	resolut
Einkommen:	500,- EUR Haushaltsgeld
Ausgaben:	40,- EUR Sportverein

Welche Fragen stellen Sie Frau Kling zu diesem Zeitpunkt?

a) Wie viele Mitglieder hat der Sparklub?
   Wir sind insgesamt acht Mitglieder.

b) Welche Zahlungsmittel wollen Sie auf Reisen einsetzen?
   Darüber haben wir noch nicht gesprochen.

c) Auf wessen Namen soll das Sparkonto lauten?
   Alle haben gesagt, dass ich das Sparkonto eröffnen und führen soll.

d) Wie viel soll monatlich angelegt werden?
   Wir wollen jeder einmal im Monat 25,- EUR auf die „hohe Kante" legen.

e) Wie haben Sie sich die Regelung bezüglich des Freistellungsauftrages vorgestellt?

Ich möchte die Erträge nicht über den Freistellungsauftrag von mir und meinem Mann laufen lassen, sondern für den Sparklub einen separaten Auftrag erteilen.

f) Was unternimmt der Sparklub für die Sicherheit seiner Mitglieder auf Reisen?

Darüber haben wir uns noch keine Gedanken gemacht.

Fassen Sie die gesammelten Informationen zusammen.
Welche Hinweise geben Sie Frau Kling?

Anlagevorschlag:

Frau Kling, leider besteht nicht die Möglichkeit, einen Freistellungsauftrag für den Sparklub zu stellen. Das bedeutet, dass die Kapitalertragsteuer nebst Solidaritätszuschlag von den Erträgen abgezogen werden würde. Dies trifft zu, sofern die Erträge 10,- EUR p. a. übersteigen.

Eine Alternative könnte ich Ihnen trotzdem anbieten. Der Gesetzgeber bietet die Möglichkeit, dass bei Sparklubs mit einer Mitgliederzahl von mehr als sieben Sparern ein Erstattungsantrag bei uns im Hause gestellt wird. Voraussetzung dafür ist, dass das Sparkonto auf den Namen einer einzelnen Person mit einem entsprechenden Zusatz lautet. Zusätzlich benötigen wir vor ersten Zinszahlung eine Erklärung, wer Mitglied in diesem Sparklub ist. Außerdem dürfen die gesamten Erträge pro Jahr 10,- EUR je Mitglied nicht übersteigen, insgesamt höchstens 300,- EUR. Dieses Sparkonto schließen wir von Ihrem Freistellungsauftrag aus, damit die Erträge nicht mit Ihren privaten Einkünften verrechnet werden.

Was die Sicherheit auf Reisen betrifft, schlage ich Ihnen vor, dass ich für Sie persönlich und Ihre Klubmitglieder ein Angebot einer weltweit geltenden Versicherung für den Eintritt eines Unfalls unterbreite. Hierbei muss ich Ihr Alter berücksichtigen, da die Versicherungsgesellschaften ein Höchstalter zum Eintrittsdatum vorgeben.

Rund um das Thema Reisen sollten wir uns auch über Auslandskrankenversicherungen, Reiserücktritt, Verkehrsmittelversicherung etc. unterhalten. Da dieses Thema sicherlich auch für die anderen Damen interessant sein dürfte, lade ich Sie alle herzlich zu einem gemeinsamen Gesprächstermin ein, um Ihren Wünschen zu entsprechen und dem Punkt Sicherheit auf Reisen Ausdruck zu verleihen.

Fälle zur Geld- und Vermögensanlage

Hinweis:
Die genaue Vorgehensweise im Zusammenhang mit der Zinsabschlagsteuer stimmen Sie bitte in Ihrem Hause ab.

Cross-Selling-Ansätze:
- Unfallversicherung
- Kreditkarten/ec-Karten
- Sorten

2.9 Lehrer-Treuhandkonto

Der Grundschullehrer Dirk Masbaum möchte mit seiner Klasse nächstes Jahr eine Klassenreise nach London unternehmen. Damit die Belastung der Eltern nicht zu hoch ist, soll die Ansparung für diese Reise durch die Eltern sukzessive erfolgen. Herr Masbaum möchte gerne für diesen Anlass ein Sparkonto eröffnen. Darüber hinaus soll das Sparkonto auch für später folgende Klassenreisen benutzt werden.

Stellen Sie einen Fragenkatalog zusammen, den Sie mit den Kunden gemeinsam durchgehen.

a) Für welche Zwecke wird das Konto benötigt?
   Für die Kapitalansammlung für Klassenreisen.

b) In welchem Rahmen sollen Verfügungen stattfinden?
   So ca. einmal im Jahr.

c) In welcher Höhe sollen die monatlichen Rücklagen erfolgen?
   Pro Elternpaar 25,- EUR monatlich.

d) Wie viele Schüler sollen an der Klassenreise teilnehmen?
   ca. 25 Schüler.

e) Wie werden die Kinder abgesichert, wenn ihnen auf der Reise ein Unfall passiert?
   Ich hoffe, dass jedes Kind über seine Eltern abgesichert ist.

f) Wie alt sind Ihre Schüler?
   Jugendliche im Alter von 15 bis 16 Jahren.

Was empfehlen Sie Ihrem Kunden?

Anlageempfehlung:

Für die Ansparung der monatlichen Beträge empfehle ich die Eröffnung eines Sparkontos in Form eines Lehrertreuhandkontos. Hierbei sind die vereinbarten Kündigungsfristen zu beachten. Außerdem benötige ich eine separate Erklärung von Ihnen, dass es sich um treuhänderisch verwaltete Gelder handelt. Zusätzlich veranlassen wir einen Kontoausschluss dieses Kontos von Ihrem Privatvermögen. Dies hat zur Folge, dass Ihr persönlicher Freistellungsauftrag durch die erzielten Zinserträge nicht belastet wird. Ein Steuerabzug ist leider nicht vermeidbar. Unter bestimmten Voraussetzungen kann ein Erstattungsantrag bei uns gestellt werden.

Für die Absicherung der Kinder entwerfe ich ein Musterbeispiel, welches Sie im Rahmen eines Elternabends ansprechen sollten.

Darüber hinaus bietet sich die Möglichkeit, anstelle von Bargeld Reiseschecks mitzunehmen, um bei Diebstahl oder Verlust zeitnah Ersatz ohne Verluste durch den Emittenten zu erhalten.

Hinweis:
Die genaue Vorgehensweise im Zusammenhang mit der Zinsabschlagsteuer stimmen Sie bitte in Ihrem Hause ab.

2.10 Gläubigerwechsel

Bei der Durchsicht Ihrer Unterlagen stellten Sie fest, dass auf den Namen Ihres vor drei Monaten verstorbenen Kunden Konrad Meier noch mehrere Spareinlagen bestehen. Heute haben Sie mit der Witwe einen Gesprächstermin vereinbart. Den Erbschein, der Frau Meier als Alleinerbin ausweist, hat sie vorsichtshalber noch einmal dabei. Liselotte Meier hat zwei Sparbücher mitgebracht. Hierbei handelt es sich zum einen um ein Festzins-Sparbuch mit einer Zinsfestschreibungsfrist von einem Jahr. Diesen Vertrag möchte Frau Meier gerne übernehmen. Zum anderen handelt es sich um ein Sparkonto mit dreimonatiger Kündigungsfrist auf beider Namen. Anhand Ihrer Datenbankabfrage erkennen Sie, dass noch ein weiteres Sparkonto existiert.

Kundenprofil:

Name:	Liselotte Meier
Familienstand:	verwitwet
Alter:	57 Jahre
Beruf:	Hausfrau
Eigenschaft:	konservativ
Einkommen:	1 250,- EUR Witwenrente
Belastungen:	Nebenkosten Objekt 250,- EUR; Lebensunterhalt 500,- EUR; Auto 175,- EUR; Tennisclub 75,- EUR; Telefon 35,- EUR; Bausparvertrag 150,- EUR.
Vermögenswerte:	Lastenfreier Grundbesitz; 15 000,- EUR Festzinskonto; 10 000,- EUR Sparkonto mit dreimonatiger Kündigungsfrist; 250,- EUR Sparkonto mit dreimonatiger Kündigungsfrist

Wie hoch ist das verfügbare Einkommen?

Welche Fragen klären Sie mit Ihrer Kundin?

a) Werden die Gelder kurzfristig für anfallende Kosten benötigt?
   Nein, ich habe bereits alle Beerdigungskosten bezahlt.

Fälle zur Geld- und Vermögensanlage

b) Sollen die Gelder so angelegt bleiben, wie es in der Vergangenheit der Fall war?

Das Festzins-Sparbuch soll auf jeden Fall weiterlaufen. Das normale Sparbuch hätte ich gerne als Rücklage gelassen. Allerdings stört mich der niedrige Zinssatz.

c) Haben Sie zu Hause schon geschaut, ob das Buch Ihres verstorbenen Mannes mit 250,- EUR Guthaben dort ist?

Ja, ich kann es aber leider nicht finden.

d) Soll jemand bevollmächtigt werden?

Ja, meine Tochter.

e) Sind die Freistellungsaufträge bereits geändert?

Ja, da hatte mich schon eine Kollegin von Ihnen beraten.

Welche Tipps geben Sie Ihrer Kundin?

Frau Meier, ich rate Ihnen, das bestehende Festzins-Sparbuch auf Ihren Namen umzuschreiben, damit der Vertrag weiterläuft und Sie den guten Zinssatz nicht verlieren. Parallel dazu sollten wir das verlorengegangene Sparbuch sperren und nach Ablauf von drei Monaten löschen. Das Sparkonto mit dem Guthaben von 10 000,- EUR stellen wir ebenfalls auf Ihren Namen um. Hier kann ich Ihnen einen kleinen Bonbon anbieten, indem wir das Sparkonto mit einem besseren Zinssatz ausstatten, ohne dass die Verfügungsbedingungen sich ändern.

Voraussetzung ist eine Mindesteinlage von 5 000,- EUR (unterschiedlich bei einzelnen Kreditinstituten), um diesen erhöhten Zins zu erhalten.

Um bei allen Konten Ihre Tochter bevollmächtigen zu können, ist es notwendig, dass Sie mit ihr noch einmal gemeinsam vorbeikommen. Zu diesem Termin sollte Ihre Tochter ihren Personalausweis mitbringen.

2.11 Mieterhöhung

Ihr 31-jähriger Kunde Martin Bauer erscheint mit seinem Kind an Ihrem Beratungsplatz und möchte seinen Mietdauerauftrag um 100,- EUR mtl. erhöhen. Zur Zeit hat er einen Spardauerauftrag zugunsten eines Sparkontos mit dreimonatiger Kündigungsfrist, den er gleichzeitig auf 150,- EUR reduzieren möchte.

Kundenprofil:

Name:	Martin Bauer
Alter:	31 Jahre
Familienstand:	verheiratet, 1 Kind
Beruf:	kfm. Angestellter im Einzelhandel
Eigenschaften:	konservativer, sicherheitsbewußter Typ, der ganz und gar familienorientiert
Einkommen:	1 585,- EUR netto, nach Abzug aller Fixkosten bleiben der Familie 870,- EUR zum Leben übrig
Rücklagen:	Auf dem Sparkonto haben sich mittlerweile 2 200,- EUR angesammelt, außerdem gibt es Bundesschatzbriefe in Höhe von insgesamt 20 500,- EUR bei Ihrem Institut.

Formulieren Sie die Fragen, die Sie Herrn Bauer jetzt stellen.

a) Haben Sie sich schon einmal darüber informiert, wie Sie die Miete an sich selbst statt an Ihren Vermieter zahlen könnten – sprich Wohneigentum bilden?

Nein, da gibt es sicherlich keine Chance bei meinem Einkommen.

b) Ist ein Eigenheim denn durchaus ein für Sie wünschenswertes Ziel?

Ja, wenn es eine Möglichkeit gibt, auf jeden Fall.

c) Darf ich Ihnen Möglichkeiten aufzeigen, wie Sie die 150,- EUR anstatt auf einem Sparkonto zielgerichteter anlegen könnten?

Ja, gerne.

Fälle zur Geld- und Vermögensanlage

d) Gibt es eine Ansparungsart bzw. Absicherung für Ihr Kind? Ich denke dabei z. B. an eine spätere teure Ausbildung.

Nein, zur Zeit haben wir daran noch gar nicht gedacht.

e) Ihre Familie ist Ihnen sehr wichtig. Was haben Sie denn schon alles für Ihre Absicherung getan?

Ich habe eine Direktversicherung mit Berufsunfähigkeitszusatzversicherung.

Wenn Sie die vorherigen Informationen für sich noch einmal zusammenfassen, zu welcher Anlageempfehlung für den Kunden tendieren Sie?

Anlageempfehlung:

Anstelle der Ansparung auf einem Sparkonto empfehle ich Ihnen, sich durch den Abschluß eines Bausparvertrages schon heute einen niedrigen Darlehenszins für ein Eigenheim zu sichern. Gleichzeitig können Sie für Sparbeträge von maximal 1 024,- EUR im Jahr die Wohnungsbauprämie von jährlich 10 % bekommen.

Mit dem Bausparvertrag können Sie auf flexible Weise gezielt auf einen möglichen Eigentumserwerb hinarbeiten. Den Sparbetrag kann man sogar noch aufteilen und einen kleineren Teil für die finanzielle Absicherung Ihres Kindes investieren. Hier bietet sich zum Beispiel der Abschluß einer sogenannten Ausbildungsversicherung an. Hierbei haben Sie den Vorteil, dass die Versicherungsbeiträge, wenn der versicherten Person etwas zustoßen sollte, weitergezahlt werden.

Hinweis an den Kunden: Für den Eigentumserwerb ist dies der erste Schritt, eventuell können zusätzliche Förderungen genutzt werden.

Cross-Selling-Ansätze:
- Vermögenswirksame Leistungen ansprechen
- Kinderabsicherung gegen Krankheiten und Unfälle

2.12 Familiengründung

Die Kundin Nadja Baumann und Sie kennen sich vom Sehen. Am Schalter stellt sie stolz ihr Neugeborenes vor. Es ist ihr erstes Kind, ein hübscher Junge, der Jannik heißt und sechs Wochen alt ist. Sie erzählt, dass sich für sie jetzt viel geändert hat. Natürlich ist sie auch nicht mehr berufstätig.

Kundenprofil:

Name:	Nadja Baumann
Eigenschaften:	selbstbewusst und modern
Alter:	24 Jahre
Familienstand:	verheiratet
Kinder:	1
Beruf:	Fremdsprachensekretärin, zur Zeit Hausfrau und Mutter
Einkommen:	Ehemann 2 380,- EUR.
Belastungen:	900,- EUR Miete inkl.; 800,- EUR Lebensunterhalt; 150,- EUR Auto; 100,- EUR Lebensversicherung mit Berufsunfähigkeit; 50,- EUR Sportverein

Bitte berechnen Sie zunächst das frei verfügbare Einkommen.

Welche Fragen stellen Sie Ihrer Kundin zu diesem Zeitpunkt?

a) Was haben Sie und Ihr Mann in finanziellen Dingen bezüglich Ihrer veränderten Situation unternommen?

Bis jetzt noch gar nichts.

b) Welche persönlichen Ziele verfolgen Sie und Ihr Mann?

Kauf eines Eigenheims und Rücklagenbildung.

Fälle zur Geld- und Vermögensanlage

c) Wie sind Sie und Ihr Sohn abgesichert, wenn einmal etwas Unvorhergesehenes passieren sollte?

Mein Mann hat eine kleine Lebensversicherung, und über seinen Arbeitgeber ist er ebenfalls abgesichert. Unseren Sohn können wir ja nicht absichern.

d) Wissen Sie, in welcher Größenordnung Ihr zu versteuerndes Einkommen liegt?

Nein. Das Bruttoeinkommen müßte bei ca. 50 000,- EUR liegen.

e) Welches Einkommen steht Ihnen zur freien Verfügung?

Das müssen wir ermitteln. Die festen Kosten laufen alle über das Konto.

Fassen Sie Ihre gesammelten Informationen zusammen. Welche Anlageempfehlung geben Sie Ihrer Kundin?

Anlageempfehlung:

Nach unseren Berechnungen haben Sie ein frei verfügbares Einkommen von rund 380,- EUR. Um Ihrem Ziel der Eigentumsbildung näher zu kommen, empfehle ich Ihnen zusätzlich zur Kapitalbildung die Sicherung von günstigen Darlehenszinsen. Mit einer monatlichen Ansparung von 300,- EUR in einem Bausparvertrag können Sie beides erreichen.

Für ca. 80,- EUR im Monat erhalten Sie für Ihr Kind eine Rundum-Absicherung im Unfall- und Krankheitsfall. Im Falle einer dauernden Beeinträchtigung der körperlichen oder geistigen Leistungsfähigkeit des Kindes wird eine monatliche Rente gezahlt. Gleichzeitig sorgen Sie finanziell für die Ausbildung vor.

Was halten Sie davon? Sind Sie an einem Angebot interessiert?

Grundsätzlich schon. Ich möchte aber gerne mit meinem Mann darüber sprechen.

O. k., besprechen Sie die unterbreiteten Vorschläge noch einmal mit Ihrem Mann, und wir vereinbaren einen Gesprächstermin in den nächsten Tagen. Ich drucke Ihnen die Beispiele gleich aus.

Das ist sehr nett und eine wirklich gute Lösung.

Passt es Ihnen am Anfang oder am Ende der Woche? Ich würde mich freuen, bei dieser Gelegenheit, Ihren Mann gleich kennenzulernen.

Wir kommen am Montag um 15 Uhr zu Ihnen.

 Beachten Sie institutsspezifische Versicherungsbedingungen.

 **Cross-Selling-Ansätze:**

Welche weiteren Themen würden Sie mit dem Kunden bearbeiten?

- Servicepaket Giro
- Online-Banking
- Checkup der Altersversorgung sowie Hinterbliebenenschutz des Ehepaares
- Vermögenswirksame Anlage
- Kurzfristige Rücklagenbildung für Auto und Urlaub

Fälle zur Geld- und Vermögensanlage

2.13 Fondsgebundene Lebensversicherung

Ihr Kunde Joachim Lang hat in Ihrer Filiale angerufen, da er 25 000,- EUR in bar verfügen möchte. Sein Festgeld soll auf 20 000,- EUR reduziert werden. Die Kassiererin informiert Sie darüber. Sie rufen den Kunden an und vereinbaren einen Termin. In dem Gespräch am Telefon erfahren Sie, dass der Kunde das Geld bei einem anderen Kreditinstitut anlegen möchte. Im Schaufenster hat er gesehen, dass er dort mit einer Fondsanlage eine deutlich höhere Rendite erzielen kann.

Kundenprofil:

Name:	Joachim Lang
Alter:	45 Jahre
Beruf:	Zollbeamter
Familienstand:	ledig
Einkommen:	1 900,- EUR
Feste Kosten:	1 775,- EUR, hat zwar 125,- EUR über, möchte diese aber als Reserve behalten.

Mittels welcher Fragen versuchen Sie den Kunden an Ihr Haus zu binden?

a) Welches Anlageziel verfolgen Sie mit Ihrem vorhandenen Vermögen?

Das Geld habe ich aus einem Hausverkauf übrig behalten und möchte es für mein Rentenalter gewinnbringend anlegen. Die 20 000,- EUR benötige ich nächsten Monat für den Kauf eines Wohnmobils.

b) Gibt es noch andere Vermögenswerte oder evtl. auch Kredite?

Nein, bisher habe ich mein gesamtes Kapital bei Ihnen angelegt.

c) Haben Sie in der Vergangenheit schon einmal in risikoreichere Anlagen investiert?

Nein, da ich vor dem Verkauf mein gesamtes Kapital in das Haus investiert hatte.

d) Wie wichtig ist Ihnen denn der Aspekt Sicherheit bei Ihren Anlagen?

Ich bin gern bereit, ein höheres Risiko einzugehen, kann mir aber auch vorstellen, bei einer vernünftigen Rendite einen Teil etwas sicherer anzulegen.

e) Welchen Anlagezeitraum haben Sie sich vorgestellt, und wie wichtig ist Ihnen die Verfügbarkeit?

Da der Betrag für mein Rentenalter gedacht ist, denke ich, dass 15 Jahre durchaus realistisch sind. In dieser Zeit benötige ich das Geld grundsätzlich nicht.

Fassen Sie Ihre gesammelten Informationen zusammen.

Erarbeiten Sie eine fundierte Anlageempfehlung mit den entsprechenden Argumenten.

Anlageempfehlung:

Ich schlage Ihnen vor, 12 500,- EUR in ein Kombinationsmodell aus einer Kapitallebensversicherung und einer Investmentfondsanlage, also eine fondsgebundene Kapitallebensversicherung, zu investieren. Hier haben Sie neben einer attraktiven Rendite noch zusätzlich steuerliche Vorteile, die Sie nutzen können. Nach heutiger Rechtslage ist die Auszahlung nach einer Mindestlaufzeit von zwölf Jahren und einer Beitragszahldauer von mindestens 5 Jahren einkommensteuerfrei.

Als passendes Pendant zu dieser Anlageform empfehle ich Ihnen die Investition der restlichen 7 500,- EUR in einem chancenorientierten Dachfonds, bei dem Sie hohe Ertragschancen mit kurzfristiger Verfügbarkeit und ebenfalls steuerlichen Vorteilen kombiniert haben.

Unbedingt beachten:
- Aufklärung nach dem Wertpapierhandelsgesetz erforderlich
- Freistellungsauftrag

Fälle zur Geld- und Vermögensanlage

2.14 Hoher Habenumsatz

Heute Morgen ist Ihnen aufgefallen, dass Ihre Kundin Ute Lindemann einen Betrag in Höhe von 12 500,- EUR auf ihr Girokonto überwiesen bekam. Bei näherer Betrachtung stellen Sie fest, dass der Betrag von einer Lebensversicherungsgesellschaft mit dem Hinweis „Endfälligkeit" übertragen wurde. Sie rufen Frau Lindemann an und vereinbaren für morgen Vormittag einen Termin.

Kundenprofil:

Name:	Ute Lindemann
Alter:	35 Jahre
Familienstand:	ledig
Beruf:	Flugbegleiterin
Eigenschaften:	unternehmenslustiger, offener Typ, jedoch sehr darauf bedacht, ihre Finanzen in Ordnung zu halten
Einkommen:	1 650,- EUR, mtl. Fixkosten inkl. Miete und Lebensunterhalt belaufen sich auf 1 500,- EUR
Rücklagen:	die nun fällige Lebensversicherung über 12 500,- EUR auf einem Sparkonto mit festem Zins

Welche Fragen stellen Sie der Kundin?

a) Haben Sie den fällig gewordenen Betrag schon in irgendeiner Weise verplant?

Das Geld habe ich zur Zeit über, es kann gerne angelegt werden.

b) Wie lange kann das Geld angelegt werden? Kommen in der nächsten Zeit größere Ausgaben auf Sie zu?

Da keine größeren Ausgaben zu erwarten sind, kann das Geld bestimmt fünf Jahre festgelegt werden.

c) Welche Rolle spielen Sicherheit, Verfügbarkeit, Rendite und steuerliche Aspekte für Sie bei der Entscheidungsfindung zur für Sie richtigen Anlageform?

Für mich ist es wichtiger, dass das Geld sicher angelegt ist, als dass eine riesige Rendite dabei herauskommt. Natürlich soll es auch ein bißchen Zinsen bringen. Im Bedarfsfall müßte ich aber schon über das Geld verfügen können. Steuerliche Aspekte spielen bei meiner Entscheidung keine Rolle.

d) Haben Sie schon darüber nachgedacht, in welcher Form der bisherige Monatsbeitrag wieder angelegt werden soll?

Daran habe ich noch gar nicht gedacht, dass die 51,- EUR mir jetzt wieder zur Verfügung stehen. Eigentlich brauche ich diese ja nicht dringend.

e) Welche Vorsorge haben Sie für Ihre finanzielle Absicherung im Alter getroffen?

Ich habe noch eine kleine Lebensversicherung über ca. 100,- EUR monatlich, Versicherungssumme 21 000,- EUR, die läuft noch ziemlich lange. In der Versicherung ist eine Berufsunfähigkeits-Rente in Höhe von monatlich ca. 800,- EUR eingeschlossen.

f) Bei Flugbegleiterinnen weiß ich, dass sie über ihren Arbeitgeber gut abgesichert sind. Aber wie sieht es im privaten Bereich aus?

Eine zusätzliche private Absicherung habe ich nicht.

g) In welcher Form sind Ihre vermögenswirksamen Leistungen angelegt?

Ich habe einen Bausparvertrag, auf den der Arbeitgeber die 40,- EUR überweist.

Wenn Sie die gesuchten Informationen noch einmal für sich durchgehen, was werden Sie Frau Lindemann jetzt vorschlagen?

Anlageempfehlung:

Um Ihren Wünschen an die richtige Anlageform gerecht zu werden, schlage ich vor, dass Sie das Kapital in festverzinsliche Wertpapiere investieren. Sie erreichen damit eine sichere Verzinsung, eine Kapitalrückzahlung zu 100 Prozent und die Möglichkeit des Zugriffs während der Laufzeit, zum aktuellen Tageskurs.

Die bisherige Monatsrate könnten Sie auf verschiedene Weise anlegen. Ich empfehlen Ihnen, die 51,- EUR in einen Sparvertrag einfließen zu lassen. Die monatliche Rate und die Laufzeit bestimmen Sie selbst. Sie können den Sparvertrag jederzeit und vor allem problemlos beenden. Sie erhalten dann bis zu

Fälle zur Geld- und Vermögensanlage

1 500,- EUR monatlich sofort und größere Beträge mit dreimonatiger Kündigungsfrist.

Unbedingt beachten:
- Aufklärung nach dem Wertpapierhandelsgesetz erforderlich
- Freistellungsauftrag

2.15 Hinterbliebenenschutz

Der Ihnen noch nicht bekannte Kunde Tomas Fischer kommt in Ihre Filiale und möchte seine Ehefrau Frauke bevollmächtigen. Die beiden haben vor drei Monaten geheiratet, ihre Flitterwochen verbrachten sie auf Sri Lanka. Inzwischen ist Frau Fischer schwanger. Der Kollege, der die Vollmacht einrichtet, vereinbart für ein ausführliches Gespräch einen Termin.

Kundenprofil:

Name:	Tomas und Frauke Fischer
Alter:	27 und 26 Jahre
Beruf:	Kfz.-Mechaniker und Friseurin
Familienstand:	verheiratet
Einkommen:	1 150,- EUR und 850,- EUR
Feste Kosten:	640,- EUR Miete inkl. Strom, 150,- EUR Auto, 120,- EUR Telefon und Handy, 30,- EUR Sonstiges 50,- EUR zwei Lebensversicherungen, 650,- EUR für den Lebensunterhalt
Rücklagen:	ein Sparkonto mit einer Kündigungsfrist von drei Monaten über 1 500,- EUR, die vermögenswirksamen Leistungen sind in Form von Bausparverträgen angelegt (Guthaben zur Zeit 1 350,- EUR)

Im folgenden Gespräch stellen Sie einige Fragen. Welche könnten das sein?

a) Das ist ja toll, dass jetzt Nachwuchs unterwegs ist, wann soll das Kind denn voraussichtlich geboren werden?

   Der Stichtag ist heute in sechs Monaten.

b) Was ist Ihnen vor dem Hintergrund Ihrer veränderten Situation besonders wichtig?

   Am wichtigsten wäre uns, dass unsere kleine Familie finanziell abgesichert ist, aber wir sehen im Moment nicht die Möglichkeiten, das bei unserem geringen Einkommen umzusetzen.

Fälle zur Geld- und Vermögensanlage

c) Was denken Sie denn, inwieweit sich Ihre Einkommenssituation verändern wird?

Wir haben geplant, dass meine Frau ca. ein Jahr zuhause bleibt und danach wieder in Teilzeit arbeiten wird. Dieses Jahr wird dann natürlich für uns hart, denn Sie wissen ja, dass mein Einkommen nicht gerade sehr hoch ist. Damit müssen wir dann erst einmal über die Runden kommen.

d) Ist Ihnen bekannt, wie Ihr Gehalt berechnet wird, unter Berücksichtigung der steuerlichen Aspekte und evtl. veränderter Steuerklassen?

Wir haben uns schon erkundigt und in Erfahrung gebracht, dass wir in diesem einen Jahr ca. 100,- EUR monatlich übrig haben werden.

e) Was heißt für Sie denn konkret die Absicherung der Familie?

Ich habe mir vorgestellt, falls mir als Ernährer der Familie etwas zustößt, dass meine Frau und das Kind weiter ungefähr das Geld monatlich zur Verfügung haben, wie es jetzt z. Zt. als Einzelverdiener der Fall ist.

f) Was haben Sie beide bisher für Ihre Altersvorsorge und den Hinterbliebenenschutz getan?

Wir haben jeder jeweils eine kleine Lebensversicherung mit einem Versicherungsschutz pro Person über 10 000,- EUR.

g) Wann sind diese Versicherungen fällig, und ist Ihnen bekannt, welche Zusatzversicherungen damit verbunden sind?

Fällig sind beide Versicherungen mit dem sechzigsten Lebensjahr, Zusatzversicherungen gibt es keine.

h) Wie sind Sie beruflich und privat abgesichert, wenn Sie erwerbsunfähig werden?

Privat gar nicht, beruflich weiß ich nicht, aber bei einem Kollegen von mir wurde nicht viel ausgezahlt.

i) Wie sind Sie über die Berufsgenossenschaft hinaus privat versichert, wenn Ihnen einmal ein Unfall zustößt?

Meines Wissens gar nicht.

j) Haben Sie nach der Heirat schon Ihre Freistellungsaufträge korrigiert?

Nein, aber das können wir auch gleich heute machen.

Wenn Sie diese Informationen nun zusammenfassen, was können Sie den Kunden empfehlen?

 **Anlageempfehlung:**

Um Ihrem Wunsch nach ausreichender Familienabsicherung zu entsprechen, empfehle ich Ihnen eine hohe Absicherung des Todesfallrisikos zu einem tragbaren Preis. Diese Risikolebensversicherung kostet so wenig, weil hier kein Kapital aufgebaut, sondern ausschließlich Versicherungsschutz für den Todesfall geboten wird.

Sie können die Versicherung ohne erneute Gesundheitsprüfung innerhalb der ersten zehn Jahre (ggf. Bedingungen der einzelnen Versicherungsgesellschaften beachten) in eine Kapital bildende Versicherung umwandeln.

Mit der Versicherung erreichen wir, dass Sie sich über Hinterbliebenenschutz in den nächsten Jahren keine Gedanken machen müssen. In Kombination mit dieser Versicherung empfehle ich Ihnen den Abschluss einer Berufsunfähigkeitszusatzversicherung. Damit sichern Sie sich eine Zusatzrente für den Fall der Berufsunfähigkeit. So können Sie die in diesem Fall sonst entstehende Versorgungslücke zuverlässig und nahezu vollständig schließen. Zusätzlich ist gewährleistet, dass der Beitrag zur Hauptversicherung von der Versicherungsgesellschaft weiter gezahlt wird, wenn Sie berufsunfähig werden sollten.

Zur Vervollkommnung Ihres persönlichen Versicherungsschutzes sollten Sie des weiteren einen Familienunfallversicherung wählen, die ab sofort und weltweit gilt. Auch hier werden wir einen Beitrag ermitteln, der in Ihr zukünftiges Budget paßt. Und dann sollten wir vor dem Hintergrund Ihrer Heirat die Freistellungsaufträge auch noch anpassen.

Damit wir jetzt über konkrete Zahlen sprechen, rechne ich Ihnen die Beispiele einmal aus, und wir sehen uns die Möglichkeiten gemeinsam an.

Hinweis für den Berater:

Vormerkung des Geburtstermines, um ein Glückwunschschreiben zu versenden und eine Ausbildungsversicherung, einen Sparvertrag o.ä. anzubieten.

Fälle zur Geld- und Vermögensanlage

2.16 Anlage von Kleinstbeträgen

Selbstbewusst steuert Ihr Kunde, der Mitfünfziger Ulrich Ford, auf Sie zu. Bei der gestrigen Skatrunde mit Freunden ist ihm zu Ohren gekommen, dass man mit Aktien „super Gewinne" machen kann. Er hat gerade sein doppeltes Gehalt bekommen, davon möchte er 1 000,- EUR sofort in Aktien anlegen. Zusätzlich möchte er 50,- EUR monatlich investieren.

Kundenprofil:

Name:	Ulrich Ford
Eigenschaften:	Neuem gegenüber aufgeschlossen, risikobereit
Alter:	55 Jahre
Familienstand:	verheiratet, Ehefrau ist Hausfrau
Kinder:	aus dem Haus
Beruf:	kfm. Angestellter
Einkommen:	2 100,- EUR
Belastungen:	500,- EUR Miete inkl.; 900,- EUR Lebensunterhalt; 200,- EUR Auto; 100,- EUR Lebensversicherung; 100,- EUR Sachversicherungen; 50,- EUR Sportverein; 20,- EUR Skatkasse

Bitte berechnen Sie zunächst das frei verfügbare Einkommen.

Welche Fragen stellen Sie Ihrem Kunden zu diesem Zeitpunkt?

a) Welche Erfahrungen haben Sie mit Aktienanlagen bereits gemacht?
   Gar keine.

b) Wie wichtig ist Ihnen der Aspekt der Sicherheit bei Ihren Anlagen?
   Ich bin bereit, Risiko einzugehen, möchte aber schon gerne mein Kapital vermehren.

c) Welches Ziel verfolgen Sie mit der Anlage von 50,- EUR?

Allgemeine Rücklagenbildung für Reisen (zwei Jahre), Autokauf (sieben bis acht Jahre), Möbel (zwei bis drei Jahre).

d) Wie lange wollen Sie Ihr Geld anlegen?

Es wird längere Zeit nicht benötigt; außerdem habe ich ja noch eine Reserve, wenn mal was sein sollte.

e) Nutzen Sie noch andere Anlageformen oder nur das, was ich in unseren Unterlagen sehe?

Ich habe nur in Ihrem Haus Geld angelegt.

f) Wie sind Sie und Ihre Frau abgesichert, wenn ein Unfall passiert?

Ganz normal über meine Krankenversicherung.

Fassen Sie Ihre gesammelten Informationen zusammen.
Welche Anlageempfehlung geben Sie Ihrem Kunden?

Anlageempfehlung:

Ich schlage vor, dass wir die 1 000,- EUR in einen Dachfonds investieren, der jeweils ca. zur Hälfte Aktien und auch festverzinsliche Wertpapiere beinhaltet. Sie haben den Vorteil, dass Sie eine Risikostreuung erreichen durch eine Investition in unterschiedlichen Branchen. Das Fondsmanagement kümmert sich um die angelegten Gelder. Außerdem haben Sie im Notfall die Möglichkeit, jederzeit darüber zu verfügen und eine attraktive Wertentwicklung zu erzielen. Wie gefällt Ihnen das?

Gut. Aber wäre denn eine Direktanlage in Aktien nicht ertragreicher für mich?

Das kann man nicht genau von vornherein sagen. Zu bedenken ist, dass Sie nur in ein Unternehmen investieren und auf dessen Entwicklung angewiesen sind. Von daher empfehle ich Ihnen die Anlage in Fonds, wo jederzeit die Möglichkeit besteht, sich über die aktuelle Entwicklung zu informieren, aber Profis die Anlageentscheidungen treffen und Ihre Anlage in verschiedenen Branchen investiert wird.

Vielen Dank für die Erläuterung. Sie haben mich überzeugt.

Fälle zur Geld- und Vermögensanlage

Was halten Sie davon, wenn wir aus dem frei verfügbaren Einkommen von 230,- EUR für Ihre kurzfristigen Ziele monatlich 100,- EUR in einen Sparvertrag einzahlen? Für die Realisierung Ihres langfristigen Zieles, die Rücklagenbildung für das Auto, legen wir monatlich 100,- EUR in einem reinen Aktienfonds an. Den verbleibenden Restbetrag setzen wir für einen Unfallversicherungsschutz ein, der Sie und Ihre Frau weltweit und rund um die Uhr absichert.

Die Anlage für den Sparvertrag und den Fonds können wir gern sofort umsetzen. Wegen der Unfallversicherung spreche ich noch einmal mit meiner Frau.

Ist gut, Herr Ford. Dann bereite ich jetzt die Unterlagen vor. Wann wollen Sie denn mit Ihrer Frau vorbeikommen? Passt es Ihnen Anfang oder Ende dieser Woche besser?

Ich denke, Ende der Woche ist besser.

Welche Vorbereitung treffen Sie für Ihr Folgegespräch?

Unbedingt beachten:
- Aufklärung nach dem Wertpapierhandelsgesetz erforderlich
- Freistellungsauftrag
- Kosten

2.17 Direktversicherung

Mit wichtiger Miene kommt Ihre Kundin Bettina Wagner auf Sie zugesteuert. Im Fernsehen gab es gestern eine Sendung, in der über das Thema Versorgungslücke berichtet wurde. Sie bittet um eine entsprechende Beratung.

Kundenprofil:

Name:	Bettina Wagner
Alter:	28 Jahre
Beruf:	Softwareentwicklerin
Familienstand:	ledig
Einkommen:	1 900,- EUR
Feste Kosten:	900,- EUR Abtrag Eigentumswohnung inkl. Wohngeld, 150,- EUR Auto, 75,- EUR Telefon und Handy, 50,- EUR Sport, 650,- EUR für den Lebensunterhalt
Rücklagen:	Wertpapierdepot mit Investmentfonds, Gegenwert ca. 2 500,- EUR sowie 3 500,-- EUR Bundesschatzbriefe

Ermitteln Sie das frei verfügbare Einkommen. Welche Fragen stellen Sie Ihrer Kundin im Zusammenhang mit dem Thema „Versorgungslücke"?

a) Welche Wünsche haben Sie, wenn Sie jetzt aus der Fernsehsendung heraus detaillierte Aspekte zu diesem Thema kennen?

   Ich möchte mir meinen Lebensstandard sichern, sprich im Alter nicht weniger Geld zur Verfügung haben, als es jetzt der Fall ist.

b) Wie wichtig ist Ihnen eine eventuelle Verfügbarkeit des angelegten Geldes?

   Aus heutiger Sicht bin ich auf das Geld nicht angewiesen und kann es lange Zeit entbehren.

c) Nutzen Sie schon steuerliche Vorteile im Zusammenhang mit einer Versicherung über Ihren Arbeitgeber?

   Nein, was gibt es denn da noch für Möglichkeiten?

d) Die Frage möchte ich einen Moment zurückstellen. Darf ich zunächst einmal von Ihnen wissen, was Sie für den Fall einer Berufsunfähigkeit unternommen haben?

Da habe ich noch nichts unternommen.

e) Anhand unserer Unterlagen sehe ich, dass Sie von Ihrem Arbeitgeber vermögenswirksame Leistungen erhalten. Mich würde interessieren, warum Sie sich für die klassische Variante in Form eines Sparvertrages entschieden haben?

Ich habe meine vermögenswirksame Leistungen bisher immer so angelegt, einfach nur, damit mir die Gelder nicht verloren gehen.

Anlageempfehlung:

Wenn ich Ihre Vorstellungen und Antworten für mich Revue passieren lasse, schlage ich Ihnen folgende Variante vor:

Eine Reduzierung der Versorgungslücke bietet sich in Ihrem Fall mittels einer Direktversicherung über Ihren Arbeitgeber an, bei der Sie nebenbei auch noch steuerliche Vorteile nutzen können (Pauschalabzug). Sie können mit einem Mindestendalter von 60 Jahren steuerfrei über die Guthaben verfügen – vorher allerdings nicht. Viele Kunden zahlen die Beiträge für diese Versicherung aus ihrem Weihnachtsgeld. Bitte fragen Sie Ihren Arbeitgeber, ob er die Kapitalanlage in Form einer Direktversicherung unterstützt. Parallel dazu binden wir eine Berufsunfähigkeitsabsicherung mit ein, die Ihrem jetzigen Lebensstandard im Falle eines Falles sichert. Hierbei ist hervorzuheben, dass nicht nur eine Berufsunfähigkeits-Rente gezahlt würde, sondern parallel dazu der Beitrag für die Hauptversicherung von der Versicherungsgesellschaft weiter geleistet werden würde.

Zur Abrundung Ihrer Vermögenssituation biete ich an, Ihren bestehenden vermögenswirksamen Sparvertrag in einen Bausparvertrag umzuschichten, mit den Vorteilen eines höheren Guthabenzinses sowie der Sicherung von günstigen Darlehensmitteln zur Entschuldung von Hypothekendarlehen bzw. zum Einsatz für größere Renovierungsarbeiten. Mietfreies Wohnen im Alter ist ein weiterer erheblicher Beitrag zur Erhaltung Ihres Lebensstandards bei verminderten Einkünften. In spätestens zwei Jahren sollten wir Ihre Einkommens-, Vermögens- und Vorsorgesituation erneut gemeinsam analysieren.

2.18 Verrentung von Einmalanlagen

Ihr Kunde Willi Linke erzählt Ihnen, dass er in vier Monaten in Rente geht. Das Geld aus den fälligen Bundesschatzbriefen in Höhe von 20 000,- EUR möchte er anlegen.

Kundenprofil:

Name:	Willi Linke
Eigenschaften:	weltgewandt, eher konservativ
Alter:	63 Jahre
Familienstand:	verwitwet
Verbindlichkeiten:	keine
Kinder:	keine
Beruf:	kfm. Angestellter; in vier Monaten Rentner
Einkommen:	1 600,- EUR netto; geschätzte Rente inklusive Betriebsrente 1 300,- EUR
Belastungen:	250,- EUR Wohngeld; 150,- EUR sonstige Nebenkosten; 200,- EUR Kfz-Kosten; 150,- EUR Versicherungen; 400,- EUR Lebenshaltung

Wie hoch ist das frei verfügbare Einkommen?

Berücksichtigen Sie, dass Herr Linke wegen der Rente weniger bekommt.

Welche Fragen stellen Sie dem Kunden zu diesem Zeitpunkt?

a) Bevor wir uns über konkrete Anlagevorschläge unterhalten, welche Vorstellungen haben Sie denn für Ihren neuen Lebensabschnitt?

In den nächsten Jahren plane ich, viel zu reisen und das Leben zu genießen.

b) Welche Rolle spielt der fällige Betrag für die Terminierung Ihrer Wün-

Fälle zur Geld- und Vermögensanlage

sche? Wie lange soll das Kapital angelegt werden?

Vier oder fünf Jahre. Ich müsste aber im Bedarfsfall darüber verfügen können, denn zusätzliche Gehälter und Weihnachtsgeld gibt es nicht mehr.

c) Haben Sie noch weitere Anlagen?

Bundesschatzbriefe 7 500,- EUR fällig in drei Jahren. Und auf dem Sparbuch als „eiserne Reserve" 5 000,- EUR.

d) Wäre es dann in Ihrem Sinn, wenn das Kapital nebst Zinsen in eine monatliche Rente einfließt, so dass das Kapital mit verbraucht wird?

Ja, die Idee wäre gar nicht schlecht.

Fassen Sie die gesammelten Informationen zusammen.

Welche Empfehlung sprechen Sie Ihrem Kunden gegenüber aus? Arbeiten Sie in diesem Zusammenhang die Vorteile Ihrer Anlageempfehlung heraus.

Anlageempfehlung:

Für Sie bietet sich an, das Kapital von 20 000,- EUR in einen Auszahlplan bestehend aus Zinsen und Kapital zu investieren, um so ganz nebenbei die Rente aufzubessern, und das zu einem attraktiven Zins. Außerdem ist die Anlageform sicher, und es entstehen keine Kosten für Sie. Zusätzlich empfiehlt es sich, eine Rücklage mit beispielsweise 50,- EUR zu bilden, die in einen Sparvertrag investiert werden. Bei dieser Anlageform besteht dann die Möglichkeit, neben einer guten Verzinsung im Bedarfsfall über das angesammelte Guthaben unter Berücksichtigung der Kündigungsfrist verfügen zu können.

Anlagealternative:

Eine weitere Alternative ist die Einmaleinzahlung in eine Rentenversicherung mit einer Rentengarantiezeit von 10 Jahren. Bei dieser Anlageform erhalten Sie eine interessante Rendite und können Ihren Lebensstandard, wie Sie ihn zur Zeit kennen, nahezu erhalten. Die Verfügung zwischendurch ist hier nicht möglich, dafür besteht aber die Möglichkeit, auf Ihre anderen Anlageformen jederzeit zurückzugreifen. Bei dieser Anlagealternative bietet sich die Rücklagenbildung in Form von Dachfonds mit einem monatlichen Beitrag von 50,- EUR an.

Aus unserer Sicht sind beide Anlagealternativen möglich. Die Anlageentscheidung sollte in erster Linie von den Bedürfnissen des Kunden abhängig gemacht werden. Die persönlichen Einstellungen des Kunden zur Thematik Fondsanlage und/oder Sparvertrag sollten genauer analysiert werden, da diese beiden Möglichkeiten durchaus miteinander getauscht werden können.

Unbedingt beachten:
- Aufklärung nach dem Wertpapierhandelsgesetz erforderlich
- Freistellungsauftrag

Fälle zur Geld- und Vermögensanlage

2.19 Kapitalaufbau mittels Aktienfonds

Sie stellen fest, dass Ihre Kundin, die Studentin Pamela Teich, seit einigen Monaten Gehaltseingänge auf dem Girokonto erhält. Aufgrund der veränderten Lebenssituation rufen Sie die Kundin an, um einen Beratungstermin zu vereinbaren. Frau Teich hat sich über Ihren Anruf sehr gefreut. Zum Gespräch erscheint sie pünktlich und hat alle ihre Unterlagen mitgebracht. Insbesondere interessiert sie eine aktuelle Einschätzung ihres Wertpapierdepots.

Kundenprofil:

Name:	Pamela Teich
Alter:	31 Jahre
Beruf:	Zahnärztin in einer Klinik
Familienstand:	ledig
Einkommen:	1 500,- EUR
Feste Kosten:	500,- EUR Miete inkl. Nebenkosten, 200,- EUR Auto, 35,- EUR Telefon, 15,- EUR Unfallversicherung, 15,- EUR für Fachzeitschriften, 500,- EUR für den Lebensunterhalt
Rücklagen:	Im Wertpapierdepot befinden sich: Bundesschatzbriefe: 5 000,- EUR; Sparbriefe: 7 500,- EUR; drei verschiedene Aktienwerte, denen die Wertpapieranalyse Ihres Hauses weiteres Kurspotenzial zutraut, Kurswert z. Zt. 5 000,- EUR

Welche Fragen stellen Sie der Kundin zu diesem Zeitpunkt?

a) Welche Planung haben Sie hinsichtlich Ihrer veränderten Einkommenssituation?

Ich möchte jetzt erst einmal mein Leben genießen, endlich hat die Lernerei ein Ende. Nun habe ich richtig Zeit, mir neue Möbel anzuschaffen, und natürlich möchte ich für später Rücklagen bilden.

b) Wie hoch schätzen Sie Ihren Kapitalbedarf für die kurzfristig geplanten Anschaffungen ein?

Ich denke, für die Möbel werden etwa 4 000,- EUR reichen.

c) Welche mittel- bis langfristigen Ziele verfolgen Sie?

Mittelfristig plane ich, in eine Gemeinschaftspraxis mit einzusteigen. Dafür werde ich dann sicher etwas Geld benötigen. Familienplanung ist zur Zeit nicht angedacht.

d) Wie denken Sie über den Kauf eines Eigenheims?

Da habe ich zur Zeit gar kein Interesse, da ich sowieso irgendwann einmal die Immobilie meiner Eltern erben werde.

e) Wie sieht es mit vermögenswirksamen Leistungen aus? Zahlt Ihr Arbeitgeber Ihnen etwas dazu?

Ja, da habe ich von den Kollegen gehört, es wird nach der Probezeit einen Zuschuß von 7,- EUR geben.

f) Haben Sie noch weitere Anlagewerte über Ihr bei uns geführtes Wertpapierdepot hinaus, z. B. bei anderen Kreditinstituten?

Andere Anlagen habe ich nicht, aber meine Eltern werden mich bei meinem Vorhaben in bezug auf die Gemeinschaftspraxis mit 25 000,- EUR bis 30 000,- EUR unterstützen.

g) Sie sprachen auch die Rücklagenbildung für später an, haben Sie da schon konkrete Vorstellungen?

In den Medien wird viel über Investmentfonds, z. B. auch als Altersvorsorge, gesprochen. Dieser Bereich würde mich schon sehr interessieren.

Fassen Sie die gesammelten Informationen für sich zusammen.

Welches Angebot unterbreiten Sie Ihrer Kundin aufgrund dieser Aussagen?

Anlageempfehlung:

Ich habe festgestellt, dass Ihr frei verfügbares Einkommen bei ca. 235,- EUR liegt. Wären Sie bereit, die volle Summe für Ihre Anlageziele zu investieren?

Ja, das bin ich.

Fälle zur Geld- und Vermögensanlage

Was haben Sie für den Fall der Berufsunfähigkeit für Ihre finanzielle Absicherung unternommen?

Wieso? Da bin ich doch über meinen Arbeitgeber abgesichert.

Eine Absicherung durch den Arbeitgeber gibt es in der Regel nur für Arbeitsunfälle. Neben dieser berufsgenossenschaftlichen Absicherung sind Sie in den ersten fünf Berufsjahren nicht abgesichert. Alle anderen unfall- oder krankheitsbedingte Fälle der Berufsunfähigkeit lösen arge finanzielle Probleme aus.

Von daher empfehle ich Ihnen die Anlage eines monatlichen Betrages von 100,- EUR in einer Kapitallebensversicherung zur Altersvorsorge. In diese Versicherung schließen wir eine Berufsunfähigkeitszusatzversicherung ein. Im Falle der Berufsunfähigkeit haben Sie Anspruch auf eine Rente, mit der Sie ihren jetzigen Lebensstandard sichern.

Die Hauptversicherung würde parallel dazu von der Versicherungsgesellschaft weiter bedient werden.

Für die verbleibenden 100,- EUR empfehle ich Ihnen eine andere Anlageform. Welche Rolle spielt hier die Sicherheit bei Ihrer Entscheidung? Genauer gefragt, kommt eine Anlage in aktienähnlichen Werten für Sie in Frage?

Ja, unbedingt. Mit den festverzinslichen Wertpapieren bin ich zwar gut gefahren, aber die Renditeerwartungen sind mir hier zu gering.

Dann bietet sich hier die Möglichkeit, diese Summe längerfristig in einen reinen Aktienfonds zu investieren. Hierbei erwerben Sie Anteile am Wertpapiersondervermögen einer Investmentgesellschaft, das im Wesentlichen aus deutschen und/oder internationalen Aktien besteht. Im Gegensatz zu einer Direktanlage in Aktien einer Aktiengesellschaft wird Ihr Risiko bei der Anlage in Fonds breit gestreut.

Das Vermögen wird entsprechend der grundsätzlichen Anlagestruktur des Fonds in entsprechende Branchen und Unternehmen investiert. Marktperspektiven werden dabei berücksichtigt. Durch schnelle Transaktionen an der Börse kann das Fondsmanagement Kursgewinne erwirtschaften bzw. sichern.

Hinsichtlich der vorhandenen Vermögenswerte empfehle ich Ihnen, diese im Depot so zu belassen, da Sie für die festverzinslichen Anlageformen bereits einen recht attraktiven Zinssatz bekommen. Für die Aktienwerte sieht unser Haus durchaus noch Entwicklungspotenzial, und daher rate ich Ihnen, diese zu halten. Um Ihre kurzfristigen Ziele zu realisieren, haben Sie die Möglichkeit, über die Bundesschatzbriefe sowie auch die Aktiengegenwerte zu verfügen. Hier sollten wir zum entsprechenden Zeitpunkt noch einmal besprechen, welcher Wert sich besser zum Verkauf eignet.

Entsprechen diese Vorschläge Ihren Vorstellungen?

Ja, das tun sie, ich denke sogar, es handelt sich hierbei um eine gute Lösung.

Hinweis:

- Klären Sie, ob die Aufklärung für Investmentfonds nach Wertpapierhandelsgesetz schon erfolgt ist, ggf. Aufklärung durchführen.
- Terminvereinbarung für Anlage der vermögenswirksamen Leistungen nach dem Ende der Probezeit treffen.

Fälle zur Geld- und Vermögensanlage

2.20 Erwerb von Belegschaftsaktien

Ihr Kollege ist im Urlaub. Eine seiner Kundinnen, Karin Berger, ruft an und bittet kurzfristig um einen Termin. Auf Nachfrage teilt sie Ihnen mit, dass es um eine Wertpapierdepoteröffnung geht. Sie sei bei einem Unternehmen beschäftigt, von dem sie günstig Belegschaftsaktien erwerben kann.

Kundenprofil:

Name:	Karin Berger
Alter:	45 Jahre
Familienstand:	ledig, keine Kinder
Beruf:	Sekretärin in einem großen Autokonzern
Eigenschaften:	selbstbewusst, steht mit beiden Beinen fest im Leben
Einkommen:	1 500,- EUR
Feste Kosten:	Miete 600,- EUR, Lebensversicherungsbeitrag 100,- EUR, Auto 150,- EUR, Lebensunterhalt 550,- EUR
Rücklagen:	ein Sparkonto mit 5 000,- EUR

Was fragen Sie die Kundin, wenn sie dann nachmittags an Ihrem Beraterplatz sitzt?

a) Haben Sie schon Erfahrungen im Aktienbereich gemacht?
 Nein.

b) Wie viele Aktien können Sie bei Ihrer Firma denn erwerben?
 75 Stück im Gegenwert von 2 500,- EUR.

c) Haben Sie über den Kauf der Belegschaftsaktien hinaus noch Wünsche in bezug auf Geld- und Anlagebelange?
 Nein, im Moment ist es mir wichtig, das Wertpapierdepot für die Aktien zu eröffnen.

d) Könnten Sie sich zusätzlich noch vorstellen, mit dem Ihnen noch zur Verfügung stehenden frei verfügbaren Einkommen ein wenig Vermögensaufbau zu betreiben?

Ja, das interessiert mich, aber nicht mit dem vollen Betrag, sondern maximal 50,- EUR.

e) Wenn wir diese 50,- EUR einmal zu Grunde legen, wie lange würden Sie diesen Betrag zurücklegen wollen?

Ich denke, ca. sieben bis acht Jahre könnte ich diese Summe wohl sparen. Wichtig ist mir aber, dass ich ständig darauf zugreifen kann.

Fassen Sie Ihre gesammelten Informationen zusammen.

Anlageempfehlung:

Um Ihrem Wunsch zu entsprechen, eröffne ich jetzt mit Ihnen das Wertpapierdepot. Zuvor müssen wir uns allerdings noch über einige grundsätzliche Dinge unterhalten. Da die Anlage in Aktien und aktienähnlichen Wertpapieren nicht nur Vorteile bringt, schreibt das Wertpapierhandelsgesetz vor, einige Fragen zu klären. Sie sagten ja bereits, dass Sie mit Aktien noch keine Erfahrungen gemacht haben. Es ist mir wichtig, Sie auch über die Risiken im Zusammenhang mit Aktienkäufen aufzuklären.

In Ihre Vermögenswerte habe ich ja Einblick, haben Sie über diese hinaus noch weitere Einnahmen und/oder Anlagen bei anderen Kreditinstituten?

Nein.

Zur Einschätzung Ihrer Risikobereitschaft ist für mich wichtig zu wissen, ob Sie hinsichtlich Ihrer Vermögensanlage eher

- konservativ
- risikobewusst
- spekulativ

eingestellt sind. Welche Formulierung trifft auf Sie am ehesten zu?

Risikobewusst.

Um noch einmal auf die 50,- EUR zu sprechen zu kommen: Als passende Ergänzung für Ihre bisherigen Anlagen empfehle ich Ihnen die Anlage in einem Investmentfonds. Hier käme für Sie z. B. ein Dachfonds, mit einer Mischung aus ca. 60 % festverzinslichen Wertpapieren und 40 % Aktien, in Frage.

Entspricht das Ihren Vorstellungen?

Fälle zur Geld- und Vermögensanlage

Unbedingt beachten:
- Aufklärung nach dem Wertpapierhandelsgesetz erforderlich
- Freistellungsauftrag

2.21 Bausparvertrag

Sie sind auf dem Weg zu Ihrer Frühstückspause. Dabei treffen Sie Ihren Kunden Wilfried Kowalski, der Ihnen braungebrannt und freudestrahlend in den höchsten Tönen von Spanien vorschwärmt. Er sagt, dass er in zehn Jahren, wenn er in Rente geht, dorthin auswandern wird.

Kundenprofil:

Name:	Wilfried Kowalski
Familienstand:	verheiratet
Alter:	52 Jahre
Beruf:	Arzt (Alleinverdiener)
Eigenschaften:	reisefreudig, unternehmungslustig
Einkommen:	2 250,- EUR abzüglich Nebenkosten von 825,- EUR mtl.; Lebensunterhalt 850,- EUR.; Auto 200,- EUR
Vermögenswerte:	25 000,- EUR Vermögensverwaltung
	5 000,- EUR als Rücklage auf dem Sparkonto mit höherem Guthabenzins
	5 000,- EUR in Aktien

Welchen Cross-Selling-Ansatz erkennen Sie hieraus, und was sagen Sie daraufhin zu Ihrem Kunden?

Mensch, das ist ja toll, Sie sehen auch wirklich gut erholt aus. Wo waren Sie denn in Spanien?

Wir waren auf dem Festland, in der Nähe von Alicante.

Das ist ja wirklich eine schöne Gegend. In der Nähe bin ich auch schon gewesen. Wie wollen Sie denn dort leben?

Wir planen, dass wir dort ein kleines Häuschen oder eine Eigentumswohnung kaufen.

Für die Realisierung Ihres Wunschtraumes habe ich noch sehr hilfreiche Informationen für Sie. Wollen Sie einen Moment Platz nehmen?

Ja gerne, ich habe so ca. 20 Minuten Zeit.

Haben Sie schon eine Vorstellung, wie teuer die Objekte dort sind?

Fälle zur Geld- und Vermögensanlage

Wir haben mal bei verschiedenen Maklern nachgefragt und festgestellt, dass wir so grob zwischen 75 000,- EUR und 100 000,- EUR rechnen müssen.

Wie viel Eigenkapital wären Sie bereit, in ein Objekt zu investieren?

So ca. 25 000,- EUR bis 35 000,- EUR in zehn Jahren. Den Rest werden wir wohl irgendwie aufnehmen müssen. Ist das überhaupt möglich?

Ja, da kann ich Ihnen weiterhelfen. Was wäre Ihnen die Erfüllung Ihres Zieles monatlich wert?

So ca. 250,- EUR monatlich wäre ich schon bereit zu zahlen.

Fassen Sie Ihre gesammelten Informationen zusammen.

Was empfehlen Sie Ihrem Kunden?

Anlageempfehlung:

Ich empfehle Ihnen 250,- EUR monatlich über einen Zeitraum von zehn Jahren in einen Bausparvertrag zu investieren. Das Guthaben nebst Darlehen zu einem gesicherten Darlehenszins können Sie in ein Objekt investieren. Zusätzlich stehen Ihnen unsere Fachleute von der Bausparkasse sowohl bei der Vermittlung von Immobilien, der Aufbereitung von Verträgen sowie bei der adäquaten Finanzierung im Ausland zur Verfügung.

Ich gebe Ihnen ein Rechenbeispiel mit. Wir sollten dann in der nächsten Woche noch weitere Details besprechen. Wäre es Ihnen am Montag oder am Donnerstag lieber?

Ich denke, dass mir der Donnerstag besser passen würde.

Hinweis:

Informieren Sie Ihren Kunden über die Kosten, die in Zusammenhang mit einem Bausparvertrag anfallen, insbesondere die Abschlusskosten.

Cross-Selling-Ansätze:
- Risikoversicherung
- Unfallversicherung
- Girokontomodell

2.22 Sparbriefe für Kleinstanleger

Auf dem Weg zu Ihrem Beratungsplatz kommt Ihnen die etwas verunsichert wirkende ältere Dame Martha Schmidt entgegen. Auf die Frage, ob Sie ihr behilflich sein könnten, antwortet sie Ihnen, dass sie für ihren Enkel 500,- EUR anlegen möchte.

Kundenprofil:

Name:	Martha Schmidt
Alter:	67 Jahre
Familienstand:	verwitwet
Beruf:	Rentnerin
Einkommen:	Rente 1 050,- EUR
Feste Kosten:	Miete 550,- EUR, Lebensunterhalt 400,- EUR, Telefon und Sonstiges 50,- EUR
Rücklagen:	3 000,- EUR, von denen sie jetzt 500,- EUR anlegen will.

Berechnen Sie zunächst das frei verfügbare Einkommen.

Welche Fragen stellen Sie Frau Schmidt, nachdem sie Platz genommen hat?

a) Sie sagten gerade, Sie möchten 500,- EUR für Ihr Enkelkind anlegen. Wie alt ist denn Ihr Enkel?

Mein Enkel Thorben wird nächste Woche drei Jahre alt.

b) Für welchen Zeitraum soll das Geld angelegt werden?

Ich dachte, mindestens bis zu seinem 18. Geburtstag.

c) Welche Aspekte sind Ihnen im Rahmen der Anlage wichtig?

Das Geld sollte sehr sicher angelegt werden, ich hab´ es mir mühsam erspart. Dafür muß aber zwischendurch auch keiner an das Geld heran.

Fälle zur Geld- und Vermögensanlage

d) Gibt es für Thorben schon weitere Anlagewerte, bei uns oder einem anderen Kreditinstitut?

Meines Wissens gibt es keine weiteren Anlagewerte, außer einem Sparkonto, auf das die Eltern 15,- EUR monatlich ansparen. Das müssten Sie aber auch in Ihrem Computer sehen können.

Fassen Sie die gesammelten Informationen zusammen.

Anlageempfehlung:

Wenn ich Ihre Äußerungen und Wünsche zusammenfassend betrachte, empfehle ich Ihnen die Anlage des Geldes in Form eines Sparbriefes. Die Laufzeit beträgt hierbei zwar nur fünf Jahre, Sie können das Geld danach aber natürlich in gleicher oder anderer Weise weiter anlegen. Der Vorteil bei diesem Papier ist, dass es absolut sicher ist und Sie eine vernünftige Verzinsung erzielen. Es entstehen Ihnen aber auch keine Kosten. Eine zwischenzeitliche Verfügung ist jedoch wirklich nicht möglich.

Auf welchen Namen möchten Sie das Geld anlegen?

Auf Thorbens Namen soll das Geld auf jeden Fall angelegt werden.

Gut, dann wäre es allerdings sinnvoll, wenn Sie einmal gemeinsam mit den Eltern zu mir kommen. Meinen Sie, dass das möglich wäre?

Ja, das ist kein Problem, an den Tagen mit langen Öffnungszeiten können wir gerne gemeinsam hierher kommen.

In Ordnung, soll ich dann gleich am nächsten Donnerstag um 17:00 Uhr für Sie einen Termin reservieren?

Ja, das wäre schön.

Des weiteren benötige ich für diesen Termin noch folgende Unterlagen:

Erarbeiten Sie jetzt selbst, welche Unterlagen benötigt werden.

Cross-Selling-Ansätze:
- Ausbildungsversicherung
- Unfallversicherung
- Kinderinvaliditätsabsicherung

2.23 Kombinationsmodell aus Rentenversicherung und Erwerbsunfähigkeitszusatzversicherung

Das Ehepaar Schneider hat heute bei Ihnen einen Termin zur Beratung vereinbart. Nachdem Ihre Kunden eingetroffen sind, fragen diese nach Möglichkeiten zur Vorsorge für Frau Schneider. Das Ehepaar ist bereit, einen Betrag von 400,- EUR monatlich anzulegen.

Kundenprofil:

Name:	Helga und Harry Schneider
Alter:	beide 45 Jahre
Beruf:	Hausfrau und Ingenieur
Familienstand:	verheiratet
Einkommen:	2 800,- EUR Nettoeinkommen
Feste Kosten:	Die monatlichen Gesamtbelastungen belaufen sich inkl. Lebensunterhalt auf ca. 2 000,- EUR.
Rücklagen:	Im Wertpapierdepot befinden sich festverzinsliche Wertpapiere im Gegenwert von 27 500,- EUR.

Formulieren Sie die Fragen an Ihre Kunden.

a) Welche Wünsche wollen Sie mit dieser Vorsorge erfüllen?

   Meine Frau soll abgesichert sein, falls ihr etwas passiert. Außerdem kann es ja auch sein, dass sie ihren Beruf einmal nicht mehr ausüben kann.

b) Welche Absicherungen gibt es für Sie, Herr Schneider, bereits?

   Ich habe eine hohe Direktlebensversicherung, die ich mit 60 Jahren ausgezahlt bekomme. Über diese habe ich auch den Fall einer Berufsunfähigkeit ausreichend abgesichert.

c) Sollen die gesamten 400,- EUR für die Absicherung Ihrer Frau investiert werden oder sind noch Rücklagen für andere Dinge geplant?

   Es sollen 300,- EUR dafür verwendet werden. Die restlichen 100,- EUR sollen für die eiserne Reserve angespart werden, da wir ansonsten ja auch noch gar kein Sparkonto haben.

Fälle zur Geld- und Vermögensanlage

d) Wie ich sehe, sind in Ihrem Wertpapierdepot einige Gelder angelegt. Wofür sind diese gedacht, und gibt es darüber hinaus noch andere Anlagewerte?

Diese Werte sind für evtl. Reparaturen am Haus sowie für Anschaffungen in den nächsten Jahren, wie Auto, Möbel, etc., gedacht. Andere Gelder besitzen wir leider nicht.

e) An welche monatliche Rente hatten Sie denn für den Fall der Fälle gedacht?

Wir stellen uns eine Summe in Höhe von ca. 750,- bis 1 000,- EUR vor.

Welchen Anlagevorschlag unterbreiten Sie den Kunden?

Anlageempfehlung:

Um für Sie eine Rücklage für etwaige Anschaffungen zu bilden, empfehle ich einen Sparvertrag mit jederzeitiger Verfügbarkeit. Für Ihre persönliche Absicherung, Frau Schneider, rate ich zu einer Kombination aus einer Rentenversicherung und einer Erwerbsunfähigkeitszusatzversicherung mit einem monatlichen Beitrag von 300,- EUR. Hierzu werde ich jetzt einmal für Sie persönlich ein Beispiel ausrechnen.

Wie lange möchten Sie die Summe investieren?

Wir hatten so an 15-20 Jahre gedacht.

Mit dem Beitrag können wir eine Erwerbsunfähigkeitsrente von ca. 1 100,- EUR erreichen. Und zusätzlich haben sich in diesem Zeitraum ca. 100 000,- EUR angesammelt, bzw. alternativ eine monatliche Altersrente von ca. 700,- EUR bis an Ihr Lebensende.

2.24 Kombinationsmodell aus Auszahlplan und Bausparen

Sie stellen fest, dass Ihr Kunde Wolfgang Nieber in der nächsten Woche 25 000,- EUR fällige Wertpapiere hat.

Bei der Gesprächsvorbereitung sehen Sie, dass der Kunde außerdem 22 500,- EUR in Rentenfonds, 15 000,- EUR in einem Bausparvertrag mit einer Bausparsumme von 18 000,- EUR, 14 000,- EUR in einer Lebensversicherung sowie 10 000,- EUR in Bundesanleihen angelegt hat. Im persönlichen Gespräch erzählt Ihnen Herr Nieber, dass er in ca. sieben Jahren seine Betriebswohnung aufgeben wird, da er in den Ruhestand geht. Dann möchte er sich eine kleine Eigentumswohnung kaufen.

Kundenprofil:

Name:	Wolfgang Nieber
Alter:	56 Jahre
Kinder:	keine
Familienstand:	verheiratet
Beruf:	Hausmeister
Eigenschaften:	sehr sparsam und sicherheitsorientiert
Einkommen:	Gehalt 1 350,- EUR
Feste Kosten:	50,- EUR Telefon, 350,- EUR für die Betriebswohnung, 25,- EUR Fernsehen, 125,- EUR Lebens- und Unfallversicherungen, 250,- EUR Kfz.-Kosten, 500,- EUR Lebensunterhalt

Berechnen Sie zunächst das frei verfügbare Einkommen.

Welche Fragen stellen Sie Ihrem Kunden?

a) Soll die fällige Anlage auch für die zukünftige Eigentumswohnung verwendet werden, oder planen Sie noch andere Anschaffungen?

Nein, ein neues Auto habe ich bereits, und ansonsten werde ich in den nächsten Jahren keine nennenswerten Anschaffungen haben.

Fälle zur Geld- und Vermögensanlage

b) Wie stellen Sie sich die Finanzierung der Eigentumswohnung in ca. sieben Jahren vor?

Ich möchte die Wohnung weitestgehend aus eigenem Vermögen bezahlen und noch meinen Bausparvertrag einbinden, für den ich ja schon einen festen Zinssatz abgesichert habe. Ich möchte nicht das Risiko von schwankenden Hypothekenzinsen eingehen.

c) Welche Ziele verfolgen Sie mit Ihrer laufenden Lebensversicherung?

Auch diese Anlage soll für den Kauf der Eigentumswohnung eingeplant werden.

d) Haben Sie schon einmal die Höhe Ihrer voraussichtlich zu erwartenden Rente berechnen lassen?

Ja, die liegt so ca. bei 1 100,- EUR monatlich.

e) Welchen Kaufpreis wollen Sie für die Wohnung ausgeben?

Ich hatte so an 150 000,- EUR bis 175 000,- EUR gedacht.

f) Haben Sie oder Ihre Frau noch weitere Anlagen bei anderen Instituten?

Nein, wir haben alles bei Ihnen.

g) Habe ich Sie richtig verstanden, dass Sie kaum Reserven nach dem Kauf der Eigentumswohnung hätten?

Nicht ganz, denn wir erhalten noch Zinsen in den nächsten Jahren und bilden weiterhin Rücklagen, die uns als Reserve zur Verfügung stehen werden.

h) Als Vorbereitung auf unser Gespräch habe ich überschlägig ein freies Einkommen von ca. 50,- EUR ermittelt. Reicht Ihnen das für die Rücklagenbildung?

Meine Frau und ich jobben immer noch so nebenbei. Meine Frau ist im Hause und putzt gelegentlich Treppenhäuser. Ich werde für handwerkliche Tätigkeiten von Kollegen engagiert. Da kommt im Laufe der Jahre sicherlich noch einiges zusammen.

Fassen Sie die gesammelten Informationen zusammen und geben Sie eine Anlageempfehlung ab.

Anlageempfehlung:

Herr Nieber, ich schlage vor, die 25 000,- EUR in einen Sparplan mit monatlicher Auszahlung sicher über einen Zeitraum von sieben Jahren mit einem attraktiven festen Zinssatz anzulegen. Hieraus entnehmen wir monatlich einen festen Betrag aus Zinsen und Kapital, den wir dann in Ihren bestehenden Bausparvertrag investieren. Hierbei sollten wir Ihren Darlehensanspruch deutlich erhöhen, indem wir die Bausparsumme auf 75 000,- EUR erhöhen.

Das bedeutet für Sie, dass Sie in sieben Jahren aus dem Bausparvertrag und eigenen Mitteln eine Eigentumswohnung gemäß Ihren persönlichen Vorstellungen erwerben können. Den Freistellungsauftrag von Ihnen und Ihrer Frau habe ich dabei ebenfalls berücksichtigt. Ihrem Wunsch nach Zinssicherheit haben wir mit dieser Anlagevariante ebenfalls Rechnung getragen.

Des weiteren empfehle ich Ihnen, auf Ihre Anlage in Rentenfonds, die ja auch einen gewissen Risikofaktor beinhaltet, ein weiteres Augenmerk zu legen. Es bietet sich an, diese Gelder sukzessive in niedrigverzinsliche Anlagen mit einem Kaufkurs unter pari umzuschichten, um zum einen steuerliche Aspekte zu berücksichtigen und zum anderen keine Kursverluste bei der Realisierung Ihres Zieles zu riskieren.

Die Fälligkeit der Anlagen sollte ebenfalls in sieben Jahren liegen, damit auch dieses Kapital zur Realisierung Ihrer Wünsche zur Verfügung steht. Wie gefällt Ihnen das?

Sehr gut, da meine Vorstellungen komplett eingebunden sind.

Cross-Selling-Ansatz:

- Girokontomodell

Fälle zur Geld- und Vermögensanlage

2.25 Kapitalsicherung aus Fondsanlage

Bei der Durchsicht Ihrer Unterlagen fällt Ihnen auf, dass Ihr Kunde Herr Robert Lüdemann bald das Rentenalter erreicht haben wird. Vor einigen Jahren haben Sie für den Kunden 15 000,- EUR in Fonds angelegt. Damals sagte Ihnen Herr Lüdemann, dieses sei seine einzige Altersvorsorge, daher müßte er das Geld irgendwann „sicherer" anlegen. Sie rufen Ihn an und vereinbaren einen Termin.

Kundenprofil:

Name:	Robert Lüdemann
Alter:	59 Jahre
Beruf:	z. Zt. noch Elektriker
Familienstand:	verwitwet
Einkommen:	1 550,- EUR
Feste Kosten:	675,- EUR Miete, 125,- EUR Auto, noch ein Jahr 150,- EUR Darlehensrate, 100,- EUR Telefon, 100,- EUR Sonstiges
Rücklagen:	nur die Fonds
Eigenschaften:	sicherheitsbewusster Typ, der lediglich längerfristig bereit war, ein gewisses Risiko einzugehen.

Was fragen Sie den Kunden, wenn er bei Ihnen erscheint?

a) Als wir damals das Geld anlegten, sagten Sie, es diene der Altersvorsorge. Trifft dieser Anlagegrund noch immer zu?

   Ja, das Geld möchte ich als Reserve halten, man weiß ja nie, ob man nicht evtl. mal zum Pflegefall wird und ins Heim muß.

b) Es bestünde die Möglichkeit, den Fonds, der einiges an Gewinnen erwirtschaftet hat, einfach weiterlaufen zu lassen. Wie sieht es heute bezüglich Ihrer Risikoeinstellung aus?

   Wie viel Geld sind aus den 15 000,- EUR denn inzwischen geworden?

   Im Laufe der Zeit haben sich knapp 21 000,- EUR angesammelt.

O.K., ich würde das Geld jetzt gerne in eine sicherere Anlageform investieren. Schließlich soll das Kapital jetzt auch auf jeden Fall erhalten bleiben.

b) Haben Sie ansonsten irgendwelche Ausgaben in naher Zukunft fest eingeplant?

Nein, mein Auto ist noch sehr neu, und das möchte ich auch fahren, bis es auseinander fällt.

c) Wie sieht es mit dem noch laufenden Kredit aus, besteht hier der Wunsch einer vorzeitigen Ablösung?

Nein, ich zahle das eine Jahr, in dem ich noch berufstätig sein werde, die regelmäßigen Raten einfach weiter.

d) Wie lange gedenken Sie Ihr Geld anzulegen?

Ich würde nicht mehr zu langfristig planen wollen. Eine max. Laufzeit von fünf Jahren sollte möglichst nicht überschritten werden. Natürlich mit der Möglichkeit, im Notfall zwischendurch über das Kaptal verfügen zu können.

e) Hat sich Ihre finanzielle Lage inzwischen dahingehend geändert, dass wir steuerliche Aspekte berücksichtigen müssen?

Nein, ich liege mit dieser Anlage weit unter den geltenden Zinsfreibeträgen, und andere Anlagen gibt es ja nicht.

f) Es gibt verschiedene Möglichkeiten der Ertragsausschüttung, z. B. monatlich, jährlich oder am Ende in einer Summe. Welche Ausschüttungsform käme Ihren Wünschen entgegen?

Mir würde eine jährliche Auszahlung genügen.

Fassen Sie die gesammelten Informationen zusammen und formulieren Sie Ihren Anlagevorschlag für den Kunden.

Fälle zur Geld- und Vermögensanlage

Anlageempfehlung:

Ich schlage Ihnen vor, das Kapital in Form von festverzinslichen Wertpapieren anzulegen, 17 500,- EUR aufgeteilt in 7 500,- EUR und 10 000,- EUR für zwei bzw. fünf Jahre Laufzeit. Die restlichen 3 500,- EUR legen Sie am besten auf einem Sparkonto mit einem festen Zins für ein Jahr an. Damit erreichen Sie sowohl eine sichere Anlageform als auch eine relativ breite Streuung Ihres Kapitals.

Cross-Selling-Ansätze:

- Sparvertrag für Rücklagenbildung
- Unfallversicherung

2.26 Vermögensmanagement-Anlage

Bei Durchsicht Ihrer Kundenunterlagen der von Ihnen persönlich betreuten Kunden stellen Sie beim Ehepaar Räusch einen Geldeingang in Höhe von 25 000,- EUR mit dem Hinweis „Erbschaft" fest. Sie kennen das Ehepaar als unternehmungslustige Kunden. Mehrfach haben Ihnen die Kunden von ihren Freizeitaktivitäten erzählt und durchblicken lassen, dass sie auf eine attraktive Geldanlage setzen, sich aber nicht darum kümmern möchten.

Kundenprofil:

Name:	Max und Luise Räusch
Alter:	66 und 64 Jahre
Kinder:	drei erwachsene Kinder
Familienstand:	verheiratet
Beruf:	Rentner und Rentnerin
Eigenschaften:	unternehmungslustig, reisefreudig, sind bereit, geringe Risiken einzugehen
Einkommen:	zusammen 2 240,- EUR
Feste Kosten:	350,- EUR für das Haus, 60,- EUR Versicherungen, 25,- EUR Sportkegeln, 75,- EUR Sparvertrag, 100,- EUR Bausparvertrag, 250,- EUR KFZ-Kosten, 1 000,- EUR Lebensunterhalt, 100,- EUR für die Enkelkinder
Rücklagen:	15 000,- EUR festverzinsliche Wertpapiere, fällig in zwei Jahren, 14 000,- EUR in einer Rentenversicherung, fällig nächstes Jahr, 2 500,- EUR in einem Sparvertrag, 4 000,- EUR angespart in einem Bausparvertrag mit einer Bausparsumme von 15 000,- EUR

Berechnen Sie bitte zunächst das frei verfügbare Einkommen.

Welche Fragen richten Sie an Ihre Kunden?

Fälle zur Geld- und Vermögensanlage

a) Welche Vorstellungen verfolgen Sie bezüglich der Anlage?

Wir benötigen das Kapital nicht für eine Anschaffung oder ähnliches. Also kann das Geld gern angelegt werden. Wir wünschen uns eine möglichst hohe Verzinsung.

b) Welche Rolle spielen die Verfügbarkeit und steuerliche Aspekte bei Ihren Überlegungen?

Im Notfall müssten wir verfügen können. Mit unseren Freibeträgen kommen wir aus. Wir haben ja alles bei Ihrem Institut angelegt.

c) Bei der Vorbereitung auf unser Gespräch habe ich festgestellt, dass Sie über ein frei verfügbares Einkommen von durchschnittlich 280,- EUR verfügen. Steht diese Summe für Anlagedispositionen zur Verfügung?

Da wir mal mehr und mal weniger Geld monatlich benötigen, möchten wir keine weiteren Rücklagen bilden.

d) Sie sagten, dass Sie sich nicht um Ihre Anlagen kümmern möchten. Könnten Sie sich vorstellen, dass wir das Management der Geldanlage übernehmen?

Ja, durchaus. Aber wie würde das konkret aussehen?

e) Darauf gehe ich gleich näher ein. Welche Rolle spielt der Sicherheitsaspekt bei der Anlage?

Für einen attraktiven Zinssatz sind wir bereit, ein bisschen Risiko einzugehen.

Fassen Sie gesammelten Informationen zusammen.

Anlageempfehlung:

Aufgrund der von Ihnen gemachten Äußerungen schlage ich Ihnen folgendes vor: Es besteht die Möglichkeit, Ihr Kapital von 25 000,- EUR bei unserer Investmentgesellschaft in das Vermögensmanagement zu übergeben. Hier haben Sie den Vorteil, dass Sie die Anlagerichtung für Ihr Geld vorgeben und die Spezialisten im Fondsmanagement das Kapital verwalten und sinnvoll investieren.

In Ihrem speziellen Fall rate ich zur Ertragsorientierung mit geringem Risiko. Auf diese Weise sichern Sie sich gute Ertragschancen mit zukunftsorientierten Anlagen. Die gegebenenfalls erforderlichen Umschichtungen des Vermögens werden eigenständig durch das Vermögensmanagement durchgeführt. Die Gebühren werden einmal pro Jahr mit einem Festkostensatz in Rechnung gestellt.

Zur Information über die Entwicklung Ihrer Anlage erhalten Sie mindestens zweimal im Jahr schriftliche Ausführungen. Auch die steuerlichen Informationen erhalten Sie auf dem Postwege zur Einbindung in Ihre persönliche Steuererklärung, da der bei uns gestellte Freistellungsauftrag nicht mit einbezogen wird. Die Verfügbarkeit ist im Bedarfsfall gegeben. Allerdings sollte die Anlagedauer bei ca. fünf Jahren liegen.

Was halten Sie von meinem Vorschlag?

So etwas hatten wir uns schon immer vorgestellt. Diesen Vorschlag sollten wir in die Tat umsetzen.

Unbedingt beachten:
- Aufklärung nach dem Wertpapierhandelsgesetz erforderlich
- Freistellungsauftrag
- Kosten

C  Beratungsansätze zur Geld- und Vermögensanlage

In diesem Kapitel zeigen wir Ihnen anhand von diversen Beispielen, wie vielen Situationen Sie täglich begegnen, die Sie als Aufhänger für ein Kundenberatungsgespräch nutzen können. Hier ist ganz deutlich Ihre persönliche Aktivität gefordert. Gehen Sie offen auf den Kunden zu, sonst macht es ein anderer, und Ihre Verkaufschance ist vertan.

Sie sehen einen Kunden mit körperlichen Blessuren.
- Unfallversicherung
- Berufs- und Erwerbsunfähigkeitszusatzversicherung
- Lebensversicherung
- Rentenversicherung

Ein Kunde erzählt, seine Kinder seien jetzt alle aus dem Haus.

Kunden erzählen von ihrer Heirat.
- neue Bedürfnisse aufgrund der veränderten Lebensphase klären: Cross-Selling-Ansatz, da evtl. mehr frei verfügbares Einkommen zur Verfügung steht

In einem Kundengespräch wird der Eintritt des Kunden in den Ruhestand thematisiert.
- evtl. veränderte Kundenbedürfnisse erfragen und befriedigen
- neue Einkommenssituation checken
- ggf. Auszahlplan anbieten

Ein Kunde berichtet Ihnen über seinen Arbeitsplatzwechsel.
- evtl. steht mehr frei verfügbares Einkommen zur Verfügung
- vermögenswirksame Leistungen thematisieren
- Direktversicherung

Kunden berichten vom Umzug, Einzug in die erste Wohnung, Zusammenziehen mit dem Partner.
- Finanzierungsbedarf klären
- Unfallversicherung

- Rücklagenbildung
- Mietkaution, Mietaval
- Bausparen

Auf einem Girokonto sehen Sie einen hohen Geldeingang.
Sie entdecken ein Sparkonto mit einem hohen Saldo.
Kunden möchten ihre Immobilie verkaufen.
Andere Kunden haben seit Monaten einen höheren Betrag als Festgeld angelegt.
Eine Kundin löst ein Tafelgeschäft bei Ihnen ein.
- Anlageempfehlung, z. B. festverzinsliche Wertpapiere, Fonds, Aktien, Kombinationsmodelle

Sie verzeichnen auf einem Konto den ersten Geldeingang, z. B. nach Schulabschluß, Ende der Ausbildung/des Studiums.
- Vermögenswirksame Leistungen
- Private Vorsorge inkl. Unfallversicherung/Erwerbsunfähigkeits- oder Berufsunfähigkeitszusatzversicherung
- Rücklagenbildung

Ihr Kassierer bemerkt bei einer Kundin regelmäßige Einzahlungen/Umsätze zu Gunsten eines Sparkontos.
- Angebot zu einer alternativen Anlageform, z. B. Sparvertrag, Fondssparen, private Vorsorge, Bausparen

Kunden erzählen von der Geburt des Kindes/Enkels bzw. erscheinen mit dem Kind.
- Sparvertrag
- Fondssparen
- Ausbildungsversicherung
- Kinderinvaliditätsabsicherung
- Unfallversicherung

Sie erfahren von der Konfirmation/Kommunion des Kindes/Enkels Ihres Kunden.
- Sparvertrag
- Einmalanlagen

- Bausparvertrag

Das Kind eines Kunden/einer Kundin wird volljährig.
- Unfallversicherung

Kunden möchten Eigentum erwerben bzw. modernisieren.
Andere Kunden erzählen von einer Immobilienerbschaft.
- Bausparvertrag
- Baufinanzierung
- Rücklagenbildung

Sie sprechen mit Kunden über deren Hobbies und Freizeitaktivitäten.
- Unfallversicherung
- Sparvertrag (für teure Hobbies)

Ihnen wird der Tod eines Kunden mitgeteilt.
- Anlage des geerbten Geldes

Ihre Kundin zieht in ein Seniorenwohnheim um.
- Auszahlplan
- veränderte Bedürfnisse erfragen
- ggf. Anlage des Verkaufserlöses aus Immobilienveräußerung

Eine Kundin eröffnet bei Ihnen ein Wertpapierdepot/Sparkonto.
- erfragen Sie weitere Bedürfnisse, um Cross-Selling-Ansätze zu erkennen

Bei einer Kundin ist der Sparvertrag erfüllt bzw. überzahlt.
- neuen Vertrag anbieten, ggf. auch in Fonds oder Bausparen
- Anlage des Sparguthabens

Kunden möchten mittels Überweisung Geld an ein anderes Kreditinstitut übertragen.
Kunden bitten um die Barauszahlung eines größeren Betrages.
- Motive erfragen und ggf. attraktives Anlageangebot unterbreiten

Sie stellen die Ausschöpfung der Freibeträge fest bzw. sehen, dass der Freistellungsauftrag nicht in voller Höhe erteilt wurde.

- Angebot der Vermögensumschichtung
- nachfassen wegen eventuell bei anderen Kreditinstituten angelegter Gelder

Eine Kundin erzählt von ihren Enkeln, das Thema Erbschaft kommt auch zur Sprache.

- Vermögensübertragung ansprechen

KREDITGESCHÄFT

A Allgemeines zum Kreditgeschäft

Bei jeder Kreditgewährung, die Sie bearbeiten, beeinflussen diverse Faktoren Ihre Entscheidung.

Die Bonität eines Kreditnehmers lässt sich nicht immer aus den wirtschaftlichen Verhältnissen ableiten. Genauso wichtig sind z. B.

- Zuverlässigkeit

    bisherige Erfahrungen, die Sie mit dem Kunden gemacht haben

- Einstellung des Kunden

    wie ist das Konsumverhalten des Kunden

- Informationen über den Kunden

    eigene Erfahrungen und SCHUFA/Bankauskunft

- Arbeitgeber/Betriebszugehörigkeit

    Probezeit bzw. ungekündigtes Arbeitsverhältnis

    Saisonarbeit bzw. befristetes Arbeitsverhältnis

    Risiko der Arbeitslosigkeit

Die vorstehenden Beispiele erheben nicht den Anspruch auf Vollständigkeit, sondern sollen Sie vielmehr anregen, die persönliche Situation des Kreditnehmers in Ihre Beschlussfindung wesentlich mit einzubeziehen.

Da die Prüfung vorstehender Punkte obligatorisch ist, wird nicht jedesmal in den nachfolgenden Kreditfällen gesondert hierauf eingegangen. Mit dem Symbol wird auf diese Thematik hingewiesen.

Bitte formulieren Sie zu Ihrer eigenen Übung die entsprechenden Fragen für den jeweiligen Fall selbst.

B Fälle zum Kreditgeschäft

3.1 Pkw-Finanzierung

Ihr Kunde, Thorben Schröder, kommt in Ihre Filiale und äußert den Wunsch nach einer Beratung für einen Kredit.

Kundenprofil:

Name:	Thorben Schröder
Eigenschaften:	aufgeschlossen, zuverlässig
Alter:	30 Jahre
Familienstand:	ledig
Beruf:	Angestellter einer Ersatzkasse, ungekündigt
Einkommen:	1 750,- EUR
Lebensumstände:	Miete mtl. 600,- EUR inkl.

Welche Informationen benötigen Sie? Bitte formulieren Sie entsprechende Fragen.

a) Wofür benötigen Sie den Kredit?

   Ich möchte für 15 000,- EUR einen neuen VW Polo erwerben und benötige eine Vollfinanzierung. Mein altes Auto ist 12 Jahre alt und hat einen Motorschaden.

b) Wie haben Sie sich die Rückzahlung vorgestellt?

   Ich kann mtl. 300,- EUR für die Rückführung aufwenden.

c) Möchten Sie einen festen Zinssatz mit einer festen monatlichen Rate über die gesamte Darlehenslaufzeit, oder wünschen Sie einen variablen Zins mit der Möglichkeit von Sondertilgungen?

   Ich möchte ggf. mit Sonderzahlungen die Darlehenslaufzeit verkürzen.

d) Welche Sicherheiten können Sie stellen?

Ich habe eine feste, krisensichere Anstellung. Zusätzlich biete ich Ihnen den Neuwagen als Sicherheit an.

Im Darlehensvertrag ist die stille Zession des Gehaltes bereits enthalten.

Zusätzlich lassen Sie sich in diesem Fall den Pkw sicherungsübereignen. Für eine werthaltige Sicherheit muss der Kunde den Wagen Vollkasko versichern. Sie zeigen Ihre Rechte der Versicherungsgesellschaft an und lassen sich diese bestätigen (Sicherungsschein). Klären Sie in Ihrem Institut, ob für diesen Fall eine Sicherungsübereignung vorgesehen ist und wie Sie diese abwickeln.

Welche zusätzlichen Informationen benötigen Sie für die Darlehensentscheidung?

Herr Thorben Schröder hat sein Konto seit 12 Jahren bei Ihrer Bank/Sparkasse. Die SCHUFA weist ein erledigtes Darlehen und eine Kreditkarte aus. Er ist in ungekündigter Stellung seit acht Jahren bei seiner Firma angestellt. Herr Schröder ist ledig und hat keine Unterhaltsverpflichtungen.

Ermitteln Sie zusammen mit dem Kunden das freie Einkommen und erstellen Sie eine Vermögensaufstellung.

Welche Angaben benötigen Sie vom Kunden?

Vermögensaufstellung:

- Bausparvertrag, Bausparsumme 10 000,- EUR, Guthaben 1 400,- EUR, mtl. Sparrate 40,- EUR (vermögenswirksame Leistungen)
- Investmentsparen/Aktienfonds, Guthaben zur Zeit 4 250,- EUR, monatlich 50,- EUR
- Der Kunde hat keine Verbindlichkeiten.

Fälle zum Kreditgeschäft

Budgetrechnung:

Einnahmen	EUR	Ausgaben	EUR
Monatliches Netto Gehalt	1 750,-	Miete inkl.	600,-
		Versicherungen	25,-
		Lebenshaltung	400,-
		Pkw-Kosten	150,-
		Sparen/Investment	50,-
		zusammen	1 225,-

Der Kunde verfügt über ein freies Einkommen von monatlich 525,- EUR.

Finanzierungsempfehlung:

Ich empfehle Ihnen ein variabel verzinsliches Darlehen mit einer monatlichen Rate von 315,- EUR. Je nach aktuellem Zinsniveau ergibt das eine Laufzeit von ca. fünf Jahren.

Aufgrund der bisherigen Erfahrungen mit dem Kunden, der Budgetrechnung und der einwandfreien Geschäftsbeziehung mit dem Kunden wird das Darlehen bewilligt.

Cross-Selling-Ansätze:

- Risiko-Lebensversicherung (z. B. begrenzt auf die Darlehenssumme)
- Kapital-Lebensversicherung
- Unfallversicherung
- Sparvertrag

3.2 Dispoeinräumung

Sie haben in Ihrer Terminüberwachung ein neues Girokonto zwecks Ansicht der Kontoführung. Stefan Krüger hat nach seinem Studium seinen ersten Anstellungsvertrag bei einem Unternehmen in Ihrer Nähe vor sieben Monaten angetreten.

Das Konto wurde im Rahmen des Umzugsservice angefordert; die Auskunft über die bisherige Geschäftsverbindung weist keine negativen Merkmale aus, ein Dispositionskredit wurde bisher nicht gewährt. Die aktuelle SCHUFA-Auskunft gibt keine negativen Anhaltspunkte.

Überlegen Sie bitte, welche Voraussetzungen gegeben sein müssen, um diesem Kunden einen Dispositionskredit zur Verfügung stellen zu können.

Bei Durchsicht der Gehaltseingänge stellen Sie fest, dass der Auftraggeber und die Höhe der Gutschriften gleichbleibend sind. Die Probezeit von normalerweise sechs Monaten ist beendet. Bei Eingängen von monatlich 1 600,- EUR räumen Sie dem Kunden einen Dispositionskredit über 5 000,- EUR ein. Die Einräumung teilen Sie dem Kunden schriftlich mit.

Beachten Sie hierbei bitte die für Ihr Institut geltenden Regelungen.

Nach einer Woche kommt Herr Krüger mit dem Einräumungsschreiben vorbei und fragt nach Zinszahlungen und Rückzahlungsmodalitäten.

Erläutern Sie Herrn Krüger mit eigenen Worten seine Fragen.

Berücksichtigen Sie dabei u.a. folgende wesentlichen Gesichtspunkte eines Dispositionskredites:

- Zinsberechnung nur auf den in Anspruch genommenen Betrag, taggenau
- Belastung der Zinsen erfolgt quartalsweise nachträglich (andere Abrechnungszeiträume je nach Institut möglich)
- Inanspruchnahme wird durch Eingänge (ggf. teilweise) ausgeglichen, den zeitlichen Rahmen der Rückführung bestimmt der Kunde individuell nach seinen Wünschen bzw. Möglichkeiten

Fälle zum Kreditgeschäft

Cross-Selling-Ansätze:

- Kreditkarte, zusätzlich zur ec-Karte
- Terminvereinbarung für eine Finanzanalyse mit dem Ziel eines strukturierten Vermögensaufbaus.

3.3 Umfinanzierung Dispo

Bei Durchsicht der von Ihnen betreuten Kunden auf Anpassung des Dispositionskreditlimits an die aktuellen Einkünfte stellen Sie fest, dass Ihr Kunde, Herr Thomas Christiansen, seit geraumer Zeit seinen Dispositionskredit von 7 500,- EUR durchschnittlich mit 5 000,- EUR bis 7 000,- EUR in Anspruch nimmt.

Kundenprofil:

Name:	Thomas Christiansen
Eigenschaften:	korrekt, zurückhaltend
Alter:	35 Jahre
Familienstand:	nicht bekannt
Beruf:	Finanzbeamter
Einkommen:	2 250,- EUR
Lebensumstände:	Miete mtl. 700,- EUR

Was unternehmen Sie?

a) Abfrage der Geschäftsverbindung (Einlagen/Obligo)

Herr Christiansen unterhält bei Ihnen

- ein Kautionssparkonto über 1 500,- EUR
- einen VL-Sparvertrag mit einem Guthaben von 1 500,- EUR und
- ein Sparkonto über 1 000,- EUR.

Verbindlichkeiten außer der Giroinanspruchnahme sind nicht ersichtlich; die SCHUFA nennt Ihnen keine negativen Einträge.

b) genauere Betrachtung der Kontoführung
- regelmäßige Belastungen?
- höhere Verfügungen ersichtlich?

Anhand der Kontoführung der letzten drei Monate ist der Grund der Inanspruchnahme nicht erkennbar. Die Umsätze zeigen keine besonderen Auffälligkeiten.

Fälle zum Kreditgeschäft

Halten Sie eine Kontaktaufnahme mit dem Kunden für sinnvoll?

Sie sollten mit Ihrem Kunden, Herrn Thomas Christiansen, einen Gesprächstermin vereinbaren und mit ihm klären, woraus die Inanspruchnahme resultiert und ob ein kurzfristiger Ausgleich aus erwarteten Geldern geplant ist.

Falls dies nicht der Fall ist, zeigen Sie Herrn Christiansen die Kosten für die Inanspruchnahme auf und weisen ihn auf die knappe Liquidität hin. Klären Sie ferner, ob noch weitere Kreditmittel z. B. für Anschaffungen benötigt werden. Erläutern Sie dem Kunden die Vorteile einer Umfinanzierung durch ein Darlehen.

In Anbetracht des Kundenprofils und des gesicherten Einkommens würde der Kunde für ein Abrufdarlehen bzw. einen Rahmenkredit in Frage kommen.

Cross-Selling-Ansätze:

- Lebensversicherung
- Unfallversicherung
- Bausparen
- Investmentsparen

3.4 Mietaval

Ihre Kundin Frau Kirsten Andresen kommt zu Ihnen mit einem Darlehenswunsch über 1 500,- EUR.

Kundenprofil:

Name:	Kirsten Andresen
Eigenschaften:	unerfahren, unsicher, freundlich
Alter:	24 Jahre
Familienstand:	ledig
Beruf:	Rechtsanwaltsgehilfin
Einkommen:	1 200,- EUR
Lebensumstände:	wohnt noch bei den Eltern

Welche Informationen brauchen Sie? Bitte formulieren Sie Ihre Fragen.

a) Wofür benötigen Sie das Geld?

Ich habe eine neue Wohnung gemietet. Für die Renovierung benötige ich noch die nachgefragten Mittel.

b) Welche anderen liquiden Mittel stehen Ihnen zu Verfügung?

Meine vorhandenen Sparbeträge benötige ich für die Stellung der Mietkaution.

c) Erwarten Sie in absehbarer Zeit größere Kapitaleingänge?

Nein, da kommt nichts.

Was empfehlen Sie der Kundin?

Als Lösung bieten Sie der Kundin die Bereitstellung eines Mietavals an, die hierfür eingeplanten Spareinlagen stehen damit für die Renovierung zur Ver-

Fälle zum Kreditgeschäft 137

fügung. Die Zinsbelastung ist niedrig, und das Aval kann später von der Kundin - falls gewünscht - ersetzt werden durch angesammelte Spareinlagen.

Welche Unterlagen werden für das Aval benötigt?

- unterschriebener Mietvertrag

Welche Anforderungen stellen Sie an den Kreditnehmer?

- einwandfreie Bonität
- keine negativen SCHUFA-Einträge
- einwandfreie Kontoführung
- Bedienbarkeit der Verpflichtungen
- ggf. Verzicht auf weitere Kreditprüfung

Beachten Sie institutseigene Mindestkreditsumme. Klären Sie in Ihrem Hause die Handhabung bei Kleinstdarlehen.

Cross-Selling-Ansätze:

- Bausparen
- Unfallversicherung
- ggf. Sachversicherung
- Sparvertrag

3.5 Darlehen gegen Verpfändung von Spar(kassen)-briefen

Herr Stefan Scholz kommt zu Ihnen und konfrontiert Sie mit dem Wunsch, seine geerbten Spar(kassen)briefe im Wert von 15 000,- EUR vorzeitig verkaufen zu wollen. Sie erklären ihm, dass eine vorzeitige Verfügung nicht möglich ist, und fragen nach den Beweggründen für seinen Wunsch.

Daraufhin erzählt Ihnen Herr Scholz, dass er kurzfristig ein neues Auto benötigt, da das bisherige Fahrzeug durch einen selbstverschuldeten Unfall einen Totalschaden erlitten hat.

Kundenprofil:

Name:	Stefan Scholz
Eigenschaften:	konsumfreudig
Alter:	40 Jahre
Familienstand:	in fester Beziehung lebend
Beruf:	Busfahrer
Einkommen:	1 900,- EUR
Lebensumstände:	Miete mtl. 500,- EUR, Miet-Nebenkosten werden von der Partnerin getragen, 500,- EUR Versicherungen und sonstige feste mtl. Kosten.

Welche Fragen sind zu klären? Formulieren Sie Ihre Fragen selbst.

Wann ist der Spar(kassen)brief fällig?

Fälligkeit des Sparbriefes in vier Monaten

Bei kurzfristiger Fälligkeit des Wertpapieres können wir Ihnen eine Kontoüberziehung gewähren. Angesichts der Restlaufzeit würde sich ein Darlehen nicht lohnen und für Sie aufgrund der anfallenden Bearbeitungskosten zu teuer sein.

Alternativer Fall:

Fälligkeit des Sparbriefes in zwei Jahren

Hier empfehlen wir Ihnen ein endfälliges Darlehen gegen Verpfändung der Sparbriefe, d. h. die Tilgung des Darlehens erfolgt aus der Kapitalrückzahlung

Fälle zum Kreditgeschäft

bei Fälligkeit der Wertpapiere, und Sie haben bis dahin nur Zinszahlungen (institutsabhängige Sonderzinssätze) zu tätigen.

Ermittlung des frei verfügbaren Einkommens gemeinsam mit dem Kunden ergibt 900,- EUR, jedoch zahlreiche GA-Verfügungen und EC-Belastungen (Käufe).

Cross-Selling-Ansätze:
- Lebensversicherung
- Berufsunfähigkeitszusatzversicherung
- Unfallversicherung
- Rücklagen bilden

3.6 Kauf einer Eigentumswohnung

Ihre Kunden Beate und Klaus Reichenbach haben sich bei Ihnen für einen Beratungstermin zwecks Finanzierung einer Immobilie angemeldet.

Kundenprofil:

Name:	Beate Reichenbach und Klaus Reichenbach
Eigenschaften:	sachlich, ruhig und zurückhaltend
Alter:	26 Jahre bzw. 29 Jahre
Familienstand:	verheiratet
Kinder:	keine
Beruf:	Krankenschwester bzw. Reedereikaufmann
Einkommen:	Ehefrau 1 300,- EUR Ehemann 2 100,- EUR
Lebensumstände:	Miete mtl. 700,- EUR kalt, 1 Pkw bzw. 1 Firmenwagen
Geschäftsverbindung:	langjährig, angenehm bzw. unauffällig

Welche Fragen stellen Sie?

a) Was soll finanziert werden? Gibt es ein konkretes Objekt?

Ja, wir möchten eine Eigentumswohnung, Baujahr 1980 mit drei Zimmern, 75,0 qm Wohnfläche im Erdgeschoss gelegen kaufen. Dazu gehören ein Tiefgaragenstellplatz und eine Terrasse. Das Wohngeld beträgt monatlich 150,- EUR inkl. Heizung.

b) Wo liegt das Objekt?

In einem Vorort von Hamburg mit einer ruhigen zentralen Wohnlage. Die Nahverkehrsanbindung und die Einkaufsmöglichkeiten sind für uns sehr günstig.

c) Wie hoch ist der Kaufpreis?

Der Kaufpreis beträgt 150 000,- EUR.

d) Kaufen Sie von privat oder über einen Makler?

Fälle zum Kreditgeschäft

Die Wohnung wird über einen Makler verkauft.

e) Wie hoch ist die Courtage?

6 % inkl. Mehrwertsteuern, d. h. 9 000,- EUR.

f) Wie viel Eigengeld ist vorhanden?

Wir verfügen über folgendes Eigengeld:
7 000,- EUR   Sparguthaben
20 000,- EUR   Festverzinsliche Wertpapiere
25 000,- EUR   Bausparvertrag, zuteilungsreif,
*   Guthaben 10 000,- EUR*
15 000,- EUR   Schenkung durch Eltern

g) Die Nebenkosten in Höhe von 16 500,- EUR ergeben sich aus Makler-, Notar-, Gerichtskosten und anfallender Grunderwerbsteuer. Daraus resultiert ein Gesamtaufwand von 166 500,- EUR. Wie viel möchten Sie finanzieren?

Wir benötigen noch 100 000,- EUR..

h) Wie soll finanziert werden?

Wir dachten an eine Bankfinanzerung und ein Bauspardarlehen, mit langfristig günstigen Zinsen und flexiblen Tilgungsmöglichkeiten.

i) Wie sieht die persönliche Zukunftsplanung aus? Möchten Sie bald Kinder haben?

Noch nicht sofort, erst mal die Wohnung, aber so in ca. fünf Jahren können wir uns vorstellen, Kinder zu bekommen.

j) Wie sieht Ihre Risikoabsicherung aus?

Zur Zeit haben wir daran noch nicht gedacht.

k) Haben Sie sich schon Gedanken über die Rückzahlung gemacht? Wie viel möchten bzw. können Sie monatlich zahlen?

Wir könnten monatlich 1 400,- EUR für die Wohnung aufwenden. Jedenfalls solange meine Frau voll mitarbeitet. Wir sind daran interessiert, jetzt eine höhere Belastung und in ca. fünf Jahren eine niedrigere Belastung für das Darlehen zu tragen.

Finanzierungsempfehlung:

Fassen wir einmal zusammen: Für das Bauspardarlehen werden mtl. 6 ‰ der Bausparsumme anfallen, also 150,- EUR. Das Wohngeld schlägt mit 150,- EUR zu Buche. Aus einer Finanzierung zu 7 % Zinsen plus 1% Tilgung für ein Hypothekendarlehen über 67 000,- EUR resultiert eine monatliche Belastung von 450,- EUR. Die restlichen 33 000,- EUR könnten wir mit 7 % Zinsen und 17 % Tilgung ansetzen. Das würde eine monatliche Rate von 660,- EUR ergeben, und dieses Darlehen wäre nach fünf Jahren zurückgezahlt, so dass Sie dann nur noch eine mtl. Belastung von 750.- EUR hätten.

In den ersten fünf Jahren hätten Sie eine Belastung von 1 410,- EUR.

Das hört sich interessant an.

Welche Unterlagen benötigen Sie für diese Finanzierung?

Unterlage	erforderlich bei	woher
Einkommensnachweis: entfällt, da Gehaltskonto bei unserem KI		
übliche Objektunterlagen:		
• Angebotsunterlagen (z. B. Maklerexposé)	möglichst zum Antrag	Makler
• Kaufvertrag, einschließlich Teilungserklärung	spätestens zur Auszahlung	Notar
• Gebäudeversicherungsschein	spätestens zur Auszahlung	Versicherung
• Flurkarte (Auszug aus Stadtgrundkarte)	spätestens zur Auszahlung	Katasteramt
• Wohnungs-Grundbuchauszug	zunächst reicht Bezeichnung des Grundbuchblattes, unbeglaubigter Auszug nach Eintragung der Grundpfandrechte	Amtsgericht/ Grundbuchamt
Persönliche Unterlagen:		
• Selbstauskunft / Budgetrechnung	Antragstellung	Kunde
• Vermögensaufstellung		Kunde
• persönliche Legitimation		Kunde

Fälle zum Kreditgeschäft

Cross-Selling-Ansätze:
- Lebensversicherung
- Berufsunfähigkeitszusatzversicherung
- Unfallversicherung
- Rücklagen bilden
- Bausparen

3.7 Finanzierung eines Einfamilienhauses

Ohne vorherige Terminvereinbarung kommt ein Ehepaar in Ihre Filiale und möchte eine Beratung über die Finanzierung eines Hauses.

Kundenprofil:

Name:	Wolfgang Köster und Sabine Köster
Eigenschaften:	aufgeschlossen, modern, kritisch
Alter:	36 Jahre und 34 Jahre
Familienstand:	verheiratet
Kinder:	zwei (9 und 7 Jahre alt)
Beruf:	Rechtsanwalt bzw. Rechtsanwältin (noch Hausfrau)
Einkommen:	Ehemann 4 800,- EUR
	Ehefrau zur Zeit ohne Einkommen
Lebensumstände:	Miete mtl. 1 200,- EUR kalt
	2 PKW (Volvo V70 und Mercedes A 160)

Welche Angaben brauchen Sie vom Kunden ?

a) Was möchten Sie finanzieren? Haben Sie ein konkretes Objekt?

Wir beabsichtigen, ein Haus zu kaufen. Die Immobilie liegt in einem ruhigen Vorort, hat einen schönen großen Garten und ist fünf Jahre alt. Eine Schule und ein Einkaufszentrum sind in der Nähe.

b) Wie hoch ist der Kaufpreis ?

Der Verhandlungspreis beträgt 400 000,- EUR.

Welche Nebenkosten können anfallen, und wie hoch ist die Darlehenssumme?

a) Wird das Haus über einen Makler angeboten?

Leider ja! Er verlangt 6 % Courtage inklusive MwSt.

b) Müssen Sie noch etwas in das Haus investieren, oder ist es bezugsfertig?

Fälle zum Kreditgeschäft

Außer den Umzugskosten können wir sofort einziehen, es ist frisch renoviert und steht seit zwei Monaten leer.

c) Bei einem Kaufpreis von 400 000,- EUR ergeben sich folgende Nebenkosten:

• Grunderwerbsteuer 3,5 %	14 000,- EUR
• Notar und Gerichtskosten ca.1,5 – 2 %	8 000,- EUR
• Makler ca. 6 %	24 000,- EUR
Summe:	46 000,- EUR

d) Wie hoch ist Ihr Eigengeld?

Wir haben 200 000,- EUR geerbt, dieses Geld möchten wir einsetzen.

Das heißt, es ergibt sich eine Finanzierungssumme von 446 000,- EUR. Abzüglich Eigengeld von 200 000,- EUR verbleiben 246 000,- EUR.

Die Umzugskosten und die notwendigen Kleinigkeiten bezahlen wir aus kleineren Rücklagen.

e) Besitzen Sie einen Bausparvertrag oder eine Lebensversicherung, die in die Finanzierung eingebunden werden sollen? Welche Gedanken haben Sie sich über die Finanzierungsform bereits gemacht?

Einen Bausparvertrag besitzen wir nicht. Mein Mann hat eine kleine Lebensversicherung über 20 000,- EUR, die mit Erreichen des 65. Lebensjahres fällig wird. Das Haus soll ein Teil unserer Altersvorsorge werden. Wir haben in einer Fachzeitschrift eine Empfehlung zur Finanzierung über Investmentfonds gelesen, bieten Sie so etwas auch an?

Stellen Sie mögliche Finanzierungsformen zusammen und erläutern Sie, wie sich diese voneinander unterschieden. Klären Sie, welche Finanzierungen von Ihrer Bank bzw. Sparkasse angeboten werden.

Siehe „Das Wissen für Bankkaufleute"

Praxisübliche Finanzierungsformen:

- Tilgung über ein Annuitätendarlehen
- Tilgung über Bausparverträge
- Tilgung über Lebensversicherung
- Tilgung über Investmentfonds

Finanzierungsangebot über Annuitätendarlehen:

Sie bekommen ein Darlehen über die Summe von 246 000,- EUR. Sie können zwischen verschiedenen Festzinslaufzeiten oder einem variablen Zinssatz wählen. Die Mindesttilgung von 1 % zuzüglich ersparter Zinsen ergibt je nach Höhe des Zinssatzes eine Laufzeit von ca. 30 Jahren. Eine höhere Tilgung kann von Ihnen nach Ihren Vorstellungen vereinbart werden, was die Darlehenslaufzeit und damit die Gesamtleistung verkürzt. Sie können einen höheren Tilgungssatz oder eine feste Leistungsrate wählen.

Durch die Vereinbarung von Sondertilgungen können Sie die Laufzeit zusätzlich verkürzen.

Nach Einschätzung der Zinsentwicklung gibt es auch die Möglichkeit, die Darlehenssumme auf zwei unterschiedliche Festzinslaufzeiten aufzuteilen, z. B. 146 000,- EUR auf 10 Jahre fest und 100 000,- auf fünf Jahre fest, wobei bei den meisten Instituten die maximale Festzinsvereinbarung 15 Jahre beträgt.

Bei einem angenommenen Festzins von 7 % und einer Tilgung von 1 % beträgt die monatliche Belastung 1 640,- EUR.

Nach Ablauf der vereinbarten Zinsfestschreibung wird das Darlehen zu den dann aktuellen Marktkonditionen (Gleitzins) fortgeführt oder eine neue Festzinsvereinbarung getroffen. Bei einigen Instituten ist die Zinsvereinbarung gleichbedeutend mit der vereinbarten Darlehenslaufzeit, so dass ggf. ein neuer Darlehensvertrag geschlossen werden muss – unter Umständen mit neuen Kosten verbunden.

Finanzierungsangebot über Bausparverträge:

Ein Bauspardarlehen hat den Vorteil, dass der Darlehenszinssatz nicht vom Kapitalmarkt abhängig ist. Das heißt, man weiß bereits bei Abschluss, welche Belastungen während der Laufzeit anfallen werden, und auch die Laufzeit ist vorhersagbar. Den Anspruch auf das Darlehen erwirbt man durch das Erreichen einer Zielbewertungszahl. Diese setzt sich aus einem Punktesystem zusammen, in das Ansparung, Laufzeit und Zinszahlungen einfließen, wobei eine vorher vereinbarte Mindestansparung von z. B. 40 % der Bausparsumme er-

Fälle zum Kreditgeschäft

reicht werden muss. Die Differenz des angesparten Geldes zur Bausparsumme ergibt den Darlehensanspruch.

Durch eine Leistungsrate, die auf die Bausparsumme bezogen ist, erfolgt eine relativ schnelle Rückzahlung mit einer Laufzeit von ca. 10 Jahren, je nach Höhe des Darlehens.

In Ihrem Fall könnte eine Finanzierung folgender maßen aussehen:

Neuabschluß eines Bausparvertrages über 246 000,- EUR, monatliche Sparleistung 382,- EUR, Einzahlung der Eigenheimförderung acht Jahre je 2 812,- EUR, Abschluß eines Darlehens mit einem Festzinssatz von 7 % für 15 Jahre ohne Tilgung mit einer Zinsbelastung von 1 435,- EUR monatlich.

Nach 15 Jahren Ablösung des Darlehens durch den fälligen Bausparvertrag, Guthaben 99 655,- EUR, Bauspardarlehen 146 345,- EUR, 100 % Auszahlung, Zinssatz 4,25 %, monatliche Zins- und Tilgungsbelastung 1 476,- EUR. Nach ca. 10 Jahren ist das Darlehen getilgt, die gesamte Finanzierungslaufzeit beträgt demnach 25 Jahre.

Die Koppelung von mehreren Bausparverträgen ist alternativ möglich, dann wird nach je acht Jahren ein angesparter Vertrag fällig und tilgt das Bankdarlehen in Höhe der Bausparsumme.

Die meisten Institute arbeiten mit einer Bausparkasse zusammen, die Kooperation kommt dem Kunden durch eine vereinfachte Bearbeitung zugute, z. B. nur eine Schätzung, Berücksichtigung der Beleihungsrichtlinien für die Besicherung der Bausparkasse, nur ein Ansprechpartner.

Erfragen Sie die Abläufe einer derartigen Zusammenarbeit mit Ihrem Kooperationspartner und arbeiten Sie die Vorteile heraus.

Finanzierungsangebot über Lebensversicherung:

Wie beim Bausparen erhält der Kunde ein tilgungsfreies Darlehen für eine von ihm gewählte Festzinslaufzeit.

Die Tilgung fließt in eine Lebens- oder Rentenversicherung ein, nach Fälligkeit der Versicherung wird das Darlehen in einer Summe getilgt. Besteht bereits eine Versicherung, kann man die Laufzeit an den Vertragsdaten ausrichten. Bei Neuabschluß einer Versicherung beträgt die Laufzeit in der Regel 25 Jahre. In diesem Fall ergibt sich z. B. folgende Möglichkeit:

Neuabschluß einer Lebensversicherung für Herrn Köster über eine voraussichtliche Ablaufleistung von 246 000,- EUR, Versicherungssumme 112 589,- EUR, Laufzeit 25 Jahre, monatlicher Beitrag 309,52 EUR.

Sie tragen allerdings das Risiko, dass nach Ablauf der Festzinsdauer die Konditionen höher liegen als heute und das Zinsrisiko auf die volle Darlehenssumme fällt. Darüber hinaus kann die voraussichtliche Ablaufleistung von der Versicherungsgesellschaft nicht garantiert werden.

Da eine steuerliche Förderung durch Schuldzinsabzug von privatem Wohneigentum nicht gegeben ist, wird diese Finanzierung meist im gewerblichen Bereich verwendet bzw. bei einer vermieteten Immobilie oder wenn bereits eine Lebensversicherung besteht.

Finanzierungsangebot über Investment:

Ja, Sie bekommen ein Darlehen mit festem Zins, ohne laufende Tilgung und sparen die Tilgung über einen Investmentfonds an.

Nach vereinbarter Laufzeit wird das Darlehen mit dem Investmentguthaben zurückgezahlt, je nach Wertentwicklung des Investmentfonds tilgen Sie früher oder später. Die Risiken, zum vorgesehenen Termin nicht das gewünschte Kapital verfügbar zu haben, und die Chance, auf überdurchschnittliche Kapitalmehrung liegen bei dieser Finanzierungsform bei Ihnen.

Das Investmentdepot wird als Sicherheit für die Finanzierung verpfändet, die Ausrichtung der Anlage bestimmen Sie selber, auch den oder die Fonds können Sie sich aus den von uns angebotenen aussuchen. Auch ein Wechsel in einen anderen Fonds der Investmentgesellschaft ist möglich. Dies ist eine moderne Finanzierungsform für risikobewußte Kunden.

Für eine öffentliche Förderung des Landes verdiene ich zuviel, und die KfW-Mittel sind uns nicht flexibel genug. Wir möchten eine zeitgemäße Finanzierungsform mit flexiblen Gestaltungsmöglichkeiten, daher bevorzugen wir die Tilgung über Fonds.

Welche Unterlagen benötigen Sie für diese Finanzierung?

Unterlage	erforderlich bei	woher
Einkommensnachweis: entfällt, da Gehaltskonto bei unserem KI		
übliche Objektunterlagen:		
• Angebotsunterlagen (z. B. Maklerexposé)	möglichst zum Antrag	Makler
• Kaufvertrag	spätestens zur Auszahlung	Notar
• Gebäudeversicherungsschein	spätestens zur Auszahlung	Versicherung
• Flurkarte (Auszug aus Stadtgrundkarte)	spätestens zur Auszahlung	Katasteramt
• Grundbuchauszug	zunächst reicht Bezeichnung des Grundbuchblattes, unbeglaubigter Auszug nach Eintragung der Grundpfandrechte	Amtsgericht/ Grundbuchamt
Persönliche Unterlagen:		
• Selbstauskunft / Budgetrechnung	Antragstellung	Kunde
• Vermögensaufstellung		
• persönliche Legitimation		

Je nach Finanzierungsvariante sind weitere spezifische Unterlagen erforderlich.

3.8 Kauf eines Reihenhauses

Ein jüngeres Ehepaar hat einen Termin mit Ihnen bezüglich einer Hypothekenfinanzierung vereinbart.

Sie kennen die Kunden seit einigen Jahren und wissen, dass sie sich schon länger mit dem Kauf einer eigenen Immobilie beschäftigen. Ein Kinderwunsch besteht nicht, die Kunden fahren gern in den Urlaub, der häufig teuer ist.

Kundenprofil:

Name:	Bernd Behrends und Katrin Behrends
Eigenschaften:	aufgeschlossen, freundlich, zielstrebig, umsichtig und vorsichtig
Alter:	30 Jahre bzw. 28 Jahre
Familienstand:	verheiratet
Kinder:	keine
Beruf:	Polizeikommissar (Beamter) und Finanzbeamtin
Einkommen:	Ehefrau 1 700,- EUR . Ehemann 2 200,- EUR
Lebensumstände:	Miete mtl. 500,- EUR kalt, 1 Pkw/Golf TDI (ein Jahr alt), Sparverträge mtl. 1 500,- EUR (Guthaben 72 000,- EUR)

 **Welche Fragen stellen Sie?**

a) Haben Sie jetzt ein konkretes Objekt gefunden?

Ja, endlich gibt es ein Objekt, das uns zusagt, sowohl vom Preis als auch von der Lage und Ausstattung. Es ist eine Doppelhaushälfte mit 500 qm Grundstück und 135 qm Wohnfläche plus Vollkeller und Dachgeschoss. Wir haben Ihnen ein Verkaufsexposé mitgebracht.

In der Verkaufsaufgabe ist auch die Baubeschreibung enthalten. Eine Flurkarte haben wir noch nicht, da das Grundstück noch neu vermessen wird.

b) Kaufen Sie direkt vom Bauträger oder über einen Makler?

Fälle zum Kreditgeschäft

Zum Glück kaufen wir direkt vom Bauträger, so dass keine Maklergebühren anfallen.

c) Wie hoch ist der Kaufpreis, und müssen Sie noch zusätzliche Ausgaben einplanen?

Der Kaufpreis beträgt schlüsselfertig 250 000,- EUR. Die Nebenkosten beschränken sich auf die Grunderwerbsteuer und die Notargebühren, insgesamt ca. 12 500,- EUR..

d) Wie viel Eigenmittel möchten Sie einbringen?

Wir wollen unsere Sparverträge einsetzen. Das sind zur Zeit ca. 72 000,- EUR. Aber wir brauchen die Gelder erst in ca. acht Monaten. Bis dahin werden wir also weitere 12 000,- EUR ansparen. Wir benötigen aber ca. 10 000,- EUR für den Umzug und ein paar neue Möbel,. es bleiben also ca. 74 000,- EUR übrig.

e)
Kaufpreis	250 000,- EUR
Nebenkosten	12 500,- EUR
Summe	262 500,- EUR
abzüglich Eigengeld	74 000,- EUR
Finanzierungsbedarf	188 500,- EUR

Ich habe Ihnen die Finanzierungsmöglichkeiten bei unserem letzten Gespräch aufgezeigt. Wissen Sie schon, wie Sie finanzieren möchten?

Nein, wir konnten uns noch nicht entscheiden. Wir möchten eine kalkulierbare Belastung, aber mit der Möglichkeit, schneller tilgen zu können, und nicht eine Laufzeit von über 30 Jahren haben.

Finanzierungsempfehlung:

Ich schlage Ihnen vor, die Finanzierung zu teilen.

Die Kreditanstalt für Wiederaufbau, kurz KfW genannt, fördert den Erwerb von eigengenutztem Wohneigentum durch zinsgünstige Darlehensmittel bis 30 % der Gesamtkosten, maximal 100 000,- EUR.

Die Laufzeit darf nicht mehr als 30 Jahre betragen, wobei mindestens das erste Jahr tilgungsfrei ist.

Bei der Summe von 262 000,- EUR entsprechen 30 % einer Förderung von 78 750,- EUR.

Wenn man 78 500,- EUR KfW-Darlehen vom Restbetrag abzieht, ergibt sich eine verbleibende Finanzierungssumme von 110 000,- EUR.

Die Belastung aus dem KfW-Darlehen beträgt bei einer 10 jährigen Zinsbindung zur Zeit im Quartal ca. 1 450,- EUR. Dies entspricht einer Laufzeit von 30 Jahren. Nach 10 Jahren wird dann der aktuelle Zinssatz neu festgesetzt.

Wenn Sie kalkulierbar, aber auch flexibel und schnell die Restsumme tilgen möchten, wäre die Tilgung über einen Bausparvertrag sehr interessant. Sie bekommen von uns ein Darlehen ohne Tilgungssatz, für das Sie nur Zinsen zahlen. Bei einem 10-jährigen Festzinssatz von zur Zeit 7 % wären dies 642,- EUR monatliche Belastung.

In der gleichen Zeit sparen Sie mit monatlichen Raten von 360,- EUR den Bausparvertrag an. In 10 Jahren ist dieser Bausparvertrag zuteilungsreif, und damit wird das Hypothekendarlehen in einer Summe abgelöst. Sie wissen bereits jetzt, mit welchen Belastungen Sie in 10 Jahren rechnen müssen, und das Risiko der Zinsentwicklung am Kapitalmarkt ist für Sie auf das Darlehen für die KfW-Mittel beschränkt.

Wenn Sie die Eigenheimförderung als Ansparung auf den Bausparvertrag einbringen, reduziert sich die Ansparrate auf 185,- EUR monatlich.

Das Bauspardarlehen ist bei einer Zins- und Tilgungsrate von monatlich 660,- EUR nach ca. 10 Jahren getilgt. Dies entspricht einer Laufzeit von etwa 20 Jahren.

Die Gesamtbelastung ohne Nebenkosten wäre somit noch niedriger als die Sparraten, die Sie jetzt für Ihr Eigengeld aufgewendet haben.

Vorsicht! Info an die Kunden wegen der Kosten für Bereitstellungszinsen, da Darlehensmittel erst in acht Monaten benötigt werden. Bitte Institutspraxis und die KfW-Bedingungen beachten.

Erkundigen Sie sich über die praktische Abwicklung einer KfW-Finanzierung in Ihrem Institut.

Fälle zum Kreditgeschäft

Welche Unterlagen benötigen Sie für diese Finanzierung?

Unterlage	erforderlich bei	woher
Einkommensnachweis: entfällt, da Gehaltskonto bei unserem KI		
übliche Objektunterlagen:		
• Angebotsunterlagen (z. B. Maklerexposé)	möglichst zum Antrag	Makler
• Kaufvertrag	spätestens zur Auszahlung	Notar
• Baukostenaufstellung	Darlehensantrag	Bauträger
• Baubeschreibung	möglichst schnell, spätestens zur Auszahlung	Bauträger
• Bauzeichnungen		
• Baugenehmigung		
• Berechnung der Wohnfläche und des umbauten Raumes	Darlehensantrag	Bauträger
• Rohbauversicherungsschein	spätestens zur Auszahlung	Versicherung
• Gebäudeversicherungsschein	nach Fertigstellung	Versicherung
• Flurkarte (Auszug aus Stadtgrundkarte)	spätestens zur Auszahlung	Katasteramt
• Grundbuchauszug	zunächst reicht Bezeichnung des Grundbuchblattes, unbeglaubigter Auszug nach Eintragung der Grundpfandrechte	Amtsgericht/ Grundbuchamt
Persönliche Unterlagen:		
• Selbstauskunft / Budgetrechnung	Antragstellung	Kunde
• Vermögensaufstellung		
• persönliche Legitimation		

Cross-Selling-Ansätze:

- Lebensversicherung
- Berufsunfähigkeitszusatzversicherung
- Unfallversicherung
- Rücklagen bilden (Sparvertrag)

3.9 Dachgeschossausbau

Ihr Kunde Peter Lange hat mit Ihnen einen Termin vereinbart, da er mit Ihnen über die Möglichkeiten einer Finanzierung für den Dachgeschossausbau in seinem Einfamilienhaus sprechen möchte. Das Dachgeschoss soll von seiner Tochter (24) und dem Schwiegersohn (29) bezogen werden, die sich zur Zeit nicht den Erwerb eines Baugrundstückes in Hamburg oder Umgebung leisten können.

Informationen zum Objekt

- Einfamilienhaus in Hamburg, geschätzter Wert 400 000,- EUR (keine wertmindernden Belastungen)
- Dachgeschoss-Ausbau, veranschlagte Kosten 100 000,- EUR

Kundenprofil:

Name:	Peter Lange und Helga Lange
Eigenschaften:	geschäftstüchtig, kritisch, seriös
Alter:	51 Jahre und 48 Jahre
Familienstand:	verheiratet
Kinder:	zwei (22 und 24 Jahre alt)
Beruf:	selbständiger Kaufmann Ehefrau ist Hausfrau
Einkommen:	80 000,- EUR zu versteuerndes Einkommen laut Steuerbescheid
Vermögensanlagen:	Wertpapierdepot mit Kurswert 250 000,- EUR Bausparvertrag (Bausparkasse gehört zum Konzernverbund): Bausparsumme 50 000,- EUR, angespart 25 000,- EUR

Welche Fragen sind zu klären? Bitte formulieren Sie Ihre Fragen selbst.

Fälle zum Kreditgeschäft

Denkbare Gesprächsthemen:
- Wer wird Darlehensnehmer? (Eltern oder Kinder)
- Wie erfolgt Sicherstellung? Eigentumsverhältnisse? Vermietung oder Eigentumswohnung (Teilung nach Wohnungseigentumsrecht)
- Eigenheimzulage (haben die Eltern dies bereits einmal ausgeschöpft?)
- Wie zu finanzieren? (Eigengeldeinsatz?)
- Steuerliche Behandlung
- Einkommens- und Vermögenslage der Kinder

Fragen und Antworten:

a) Das sind ja gute Aussichten, Herr Lange. Um Ihnen hier ein maßgeschneidertes Angebot unterbreiten zu können, habe ich noch einige Fragen. Wie sehen denn Ihre Vorstellungen zur Finanzierung aus?

Wir dachten eigentlich daran, den Bausparvertrag und einen Teil der Wertpapiere einzusetzen, wobei die Kinder uns für das bereitgestellte Kapital eine angemessene Verzinsung zahlen sollen.

b) Das heißt, Sie würden als Bauherr und Darlehensnehmer auftreten und die Kinder dann bei Ihnen im Haus leben; es würde also eine Einliegerwohnung entstehen. Ist dabei daran gedacht, dass Ihnen die Kinder eine angemessene Miete zahlen, also bei Ihnen zur Miete wohnen?

Nein, eigentlich dachten wir schon daran, dass die Kinder für den Umbau selber aufkommen und wir quasi das Grundstück bereitstellen und mit Verwandtendarlehen aushelfen.

c) Ist dabei auch daran gedacht, dass Ihre Kinder Eigentümer der Wohnung werden sollen?

Eigentlich nein; aber wie ist das jetzt zu verstehen?

d) Nun, für den Fall einer Eigentumsübertragung bezogen auf die Wohnung müsste eine vollständige, in sich abgeschlossene Wohnung entstehen, d. h. mit eigenem Zugang und eigener Küche, die unabhängig vom Rest des Hauses betreten und genutzt werden kann. Für diese Wohnung würde dann ein eigenes Wohnungsgrundbuchblatt beim Amtsgericht gebildet, in das Ihre Kinder als Eigentümer eingetragen werden könnten. Grundlage hierfür sind ein Notarvertrag und entsprechende behördliche Erklärungen.

Haben Sie hierüber schon mit jemandem gesprochen? Zum Beispiel mit der Baufirma, Ihrem Steuerberater oder sogar Ihrem Notar?

Nein, das sind vollkommen neue Überlegungen – wir möchten jedoch zum jetzigen Zeitpunkt das Eigentum noch nicht übertragen.

Zusammenfassung:

Ich fasse einmal kurz zusammen: Sie sind zur Zeit noch nicht bereit, Grundstückseigentum (Wohnungseigentum) auf die Kinder zu übertragen; die Wertpapiere und der zuteilungsreife Bausparvertrag einschließlich Bauspardarlehen sollen in die Finanzierung mit einbezogen werden. Sie können sich jedoch auch vorstellen, das Grundstück für das Bauspardarlehen mit einer einzutragenden Grundschuld zu belasten.

Finanzierungsvorschlag:

Für diesen Fall können wir jetzt den Darlehensantrag für das Bauspardarlehen ausfertigen und die Auszahlung der Bausparsumme beantragen; wir würden dies an die Bausparkasse weiterleiten, die die weitere Abwicklung übernimmt. Bei dieser Konstellation ergeben sich für Sie dann einkommensteuerpflichtige Einkünfte aus Vermietung und Verpachtung aus den Zahlungen Ihrer Kinder. Hiervon können Sie alle mit der Wohnung unmittelbar zusammenhängenden Werbungskosten abziehen, das sind insbesondere die Zinsen für das Bauspardarlehen.

Finanzierungsalternative:

Aus unserer Sicht könnte es sinnvoller sein, den Dachgeschossausbau mit möglichst wenig Eigengeld und entsprechend viel Fremdkapital zu finanzieren. Im Hinblick auf die möglicherweise erheblichen steuerlichen Auswirkungen sollten Sie sich unbedingt mit Ihrem Steuerberater hierüber unterhalten. Selbstverständlich sind wir in Ihrem Fall gern bereit, den Ausbau voll zu finanzieren. Ich könnte mir folgende Finanzierung vorstellen:

Sie erhalten von uns ein tilgungsfreies Darlehen über die insgesamt benötige Summe; also eine Vollfinanzierung, ggf. einschließlich Nebenkosten. Die hierauf anfallenden Zinsen mindern Ihre steuerpflichtigen Einnahmen. Aus diesem Grund ist es sinnvoller, die Tilgung anderweitig anzusammeln. Hierfür bieten sich verschiedene Möglichkeiten an, z. B. eine Kapital-Lebensversicherung, eine Rentenversicherung oder ein Investmentsparplan. In Ihrem Fall könnten Sie auch Ihren Bausparvertrag aufstocken, zusätzlich ansparen und daraus die Ablösung zu dem Zeitpunkt vornehmen, in dem sich Ihre steuerliche Situation grundlegend verändert, z. B. mit Aufgabe Ihrer selbständigen Tätigkeit.

Gerne stehen wir auch für ein gemeinsames Gespräch mit Ihrem Steuerberater über eine Optimierung der Finanzierung zur Verfügung.

Cross-Selling-Ansätze:

- Risiko-Lebensversicherung
- Kapital-Lebensversicherung
- Rentenversicherung
- Unfallversicherung
- (Bau-)Sparvertrag

Fall-/Finanzierungsalternative:

a) Ist dabei auch daran gedacht, dass Ihre Kinder Eigentümer der Wohnung werden sollen?

Eigentlich schon; aber wie ist das jetzt zu verstehen?

b) Nun, in diesem Fall müsste eine vollständige, in sich abgeschlossenen Wohnung entstehen, d. h. mit eigenem Zugang und eigener Küche, die unabhängig vom Rest des Hauses betreten und genutzt werden kann. Für diese Wohnung wird dann ein eigenes Wohnungsgrundbuchblatt beim Amtsgericht gebildet, in das Ihre Kinder als Eigentümer eingetragen werden könnten. Grundlage hierfür ist ein Notarvertrag und entsprechende behördliche Erklärungen.

Haben Sie hierüber schon mit jemandem gesprochen? Zum Beispiel mit der Baufirma, Ihrem Steuerberater oder sogar Ihrem Notar?

Nein, das sind vollkommen neue Überlegungen. Wir könnten uns aber vorstellen, dass unsere Kinder bereits jetzt Eigentum erwerben.

c) Wenn die Kinder Eigentümer werden, dann können sie auch für diese Finanzierung ggf. öffentliche Mittel bzw. Steuervergünstigungen in Anspruch nehmen. Haben Sie sich mit den Beiden darüber schon einmal unterhalten?

Nein, das sollen die Beiden am besten selber in die Wege leiten.

f) Wenn Ihre Kinder Eigentümer des neu zu bildenden Wohnungsgrundbuches werden, dann hat dies den Vorteil, dass die Freibeträge nach dem Erbschaftsteuerrecht nach zehn Jahren erneut in Anspruch genommen werden können. In diesem Fall bieten wir Ihren Kindern folgende Finanzierung an:

Der Bausparvertrag wird von Ihnen auf die Kinder übertragen. Bauspar-Darlehensnehmer werden dann die Kinder, auf die die Finanzierung abzustimmen ist; ggf. ist eine Zwischenfinanzierung bis zur Auszahlung der

Bausparsumme möglich. Damit ist dann die Hälfte der Ausbaukosten gedeckt.

Die restlichen benötigten Finanzierungsmittel in Höhe von 60 000,- EUR (inkl. geschätzter Nebenkosten bis zu 5 000,- EUR) setzen sich zusammen aus einem KfW-Darlehen (30 % der angemessenen Kosten) von 33 000,- EUR und einem von uns bereitgestellten Baudarlehen in Höhe von 22 000,- EUR.

Betrag	Erläuterung
25 000,- EUR	Bausparguthaben
25 000,- EUR	Bauspardarlehen
33 000,- EUR	KfW-Darlehen (öffentl. Förderung)
22 000,- EUR	erstrangiges Bankdarlehen
105 000,- EUR	Ausbaukosten zzgl. 5 % Nebenkosten

Als Nebenkosten sind u. a. zu berücksichtigen (vorsichtig mit 5 % der geschätzten Kosten veranschlagt):

- Notar (Vertrag zur Eigentumsumschreibung, Beglaubigung/Beurkundung der Grundbuchurkunden)
- Gerichtskosten (Eigentumsumschreibung, Bildung der Wohnungsgrundbuchblätter, Eintragung der Grundpfandrechte)
- Bauträger- bzw. Architekten-Honorar
- Behördliche Genehmigungen
- Einbauküche.

Für eine zügige Abwicklung der Baumaßnahme schlage ich vor, zunächst das Grundstück des Einfamilienhauses mit den Grundpfandrechten zu belasten und nach Abschluss der Maßnahme die Belastungen auf das neu zu bildende Wohnungsgrundbuchblatt zu übertragen.

Für die Finanzierung benötigen wir insgesamt folgende Unterlagen:

Unterlage	erforderlich bei	woher
Einkommensunterlagen: Gehalts-/Lohnbescheinigung der letzten drei Monate (wenn kein Gehaltskonto bei unserem KI)	Darlehensantrag	Arbeitgeber
übliche Objektunterlagen:		
• Eigentumsüberlassungsvertrag (Schenkungs-/Kaufvertrag)	spätestens zur Auszahlung	Notar

Fälle zum Kreditgeschäft

Unterlage	erforderlich bei	woher
• Baukostenaufstellung	Darlehensantrag	Bauträger
• Baubeschreibung	möglichst schnell, spätestens zur Auszahlung	Bauträger
• Bauzeichnungen		
• Baugenehmigung		
• Berechnung der Wohnfläche und des umbauten Raumes	Darlehensantrag	Bauträger
• Rohbauversicherungsschein	Darlehensantrag	Versicherung
• Gebäudeversicherungsschein	nach Fertigstellung	Versicherung
• Flurkarte (Auszug aus Stadtgrundkarte)	spätestens zur Auszahlung	Katasteramt
• Grundbuchauszug	nach Umschreibung: Auszug aus Wohnungsgrundbuch	Grundbuchamt
• Teilungserklärung und Abgeschlossenheitserklärung für das Wohnungseigentum	spätestens zur Auszahlung	Notar bzw. Baubehörde

Zur Klärung der weiteren Einzelheiten vereinbaren wir am besten einen Termin mit Ihren Kindern, bei dem wir dann auch noch über die Eigenheimzulage sprechen können.

Zur Finanzierung einer Eigentumswohnung siehe auch Fall 3.6 und zur Bausparfinanzierung siehe Fall 3.7.

Notieren Sie für sich, welche Unterlagen Sie für eine Finanzierung über Ihr Institut benötigen.

Cross-Selling-Ansätze:

- Zwischenfinanzierung der Eigenheimzulage
- Risiko-Lebensversicherung
- Kapital-Lebensversicherung
- Unfallversicherung
- (Bau-)Sparvertrag

 C Beratungsansätze zum Kreditgeschäft

In diesem Kapitel werden Ansätze exemplarisch aufgeführt, die Anlass für ein Kreditgespräch mit Ihrem Kunden sein können. Wir möchten Sie anregen, diese Zusammenstellung um Ihre eigenen Erfahrungen zu ergänzen und so weiter zu entwickeln. Jedes Kreditgeschäft findet in einem zunehmend stärker umkämpften Markt statt, und wer den Kunden zuerst betreut, hat die besten Chancen, mit ihm langfristig im Geschäft zu bleiben. Dabei erwarten unsere Kunden günstige Konditionen, die sich im Wettbewerb behaupten müssen, ebenso wie fairen Umgang und sachkundige Betreuung.

Die folgenden Situationen können u. a. Anlass für ein Kreditgespräch mit Ihrem Kunden sein (mögliche Angebote haben wir jeweils dazu aufgezählt):

Prüfung der neuen/neueren Girokonten auf regelmäßige Gehaltseingänge:
- Dispo-Einräumung
- ec-Karte
- Kreditkarte

Prüfung bestehender/alter Konten:
- Dispo-Einräumung
- Dispo-Erhöhung

Prüfung bestehender Konten auf Inanspruchnahme des Dispositionskredites:
- Umschuldung in Darlehen
- Dispo-Erhöhung

Durchsicht der Liste überzogener Konten:
- Umschuldung in Darlehen
- Dispo-Einräumung
- Dispo-Erhöhung

Verwertung von Kundeninformationen aus persönlichen Kontakten (Konsumverhalten):
- Darlehensangebot
- Dispo-Erhöhung

Einrichtung oder Erhöhung von Daueraufträgen z. B. für Miete:
- Baufinanzierung
- Bausparen

Kunden bekommen Familienzuwachs; in diesem Zusammenhang kann es zu Umbau, Anbau, Umzug, Autokauf, Immobilienerwerb usw. kommen:
- Privatdarlehen
- Baufinanzierung
- Bausparen

Kunde möchte langfristige Einlagen/Verträge kündigen (Lebensversicherung, Bausparvertrag, Investmentanlage), da er Anschaffungen vornehmen möchte:
- Darlehen
- Dispo
- Baufinanzierung

Kunde erhält Mitteilung, dass sein Darlehen bereits teilweise getilgt ist:
- Aufstockung Darlehen (neue Finanzierung)

Aus Erbschaft/Todesfall müssen Miterben wegen Nachlassauseinandersetzung ausgezahlt werden:
- Darlehen

Umbau/Renovierung der Immobilie/Wohnung:
- Darlehen

Trennung/Scheidung können Umfinanzierung des Obligos bzw. Auszahlung des Zugewinns zur Folge haben:
- Darlehen

C Beratungsansätze zum Kreditgeschäft

Eigenfinanzierung der Aus- und Weiterbildung von Kunden (Meisterschule, Auslandsstudium):

- Darlehen

SCHUFA meldet neue Fremdverbindlichkeiten:

- Darlehen (nach Bonitätsüberprüfung)

Schlagwortverzeichnis

A

Abbuchungsermächtigung 42
Abrufdarlehen 135
Aktien 92
Annuitätendarlehen 146
Asset Allocation 50
Ausbildungsversicherung 60, 79, 90
Auslands-Euroüberweisung 34
Auszahlplan 97, 112
Aval 137

B

Bauspardarlehen 57, 142, 146, 152, 156
Bausparvertrag 54, 57, 70, 79, 81, 95, 106, 112, 147, 152, 156
Belegschaftsaktien 103
Berufsunfähigkeitszusatzversicherung 90, 95, 101
Betreuung 23, 25
Bundesschatzbrief 101

D

Dachfonds 84, 92, 97, 104
Direktversicherung 58, 95
Dispositionskredit 12, 27, 132, 134

E

ec-Karte 12, 14, 18, 40
Eigenheimförderung 147, 152
Eigenheimzulage 155, 159

Eigentumswohnung 106, 113, 140, 155
Einfamilienhaus 144, 154
Einzugsermächtigung 12, 42
Erwerbsunfähigkeitszusatzversicherung 111
eurocheque 34, 38, 40

F

Familienunfallversicherung 60, 90
festverzinsliche Wertpapiere 86, 92
Festzins-Sparbuch 76
Finanzierung 107, 129
Fondsanlage 55, 84, 98
Fondsgebundene Lebensversicherung 83
Freistellungsauftrag 18, 28, 32, 49, 55, 58, 63, 70, 71, 72, 75, 84, 87, 93, 98, 114, 120, 124

G

GeldKarte 40
Geldwäschegesetz 9
Gemeinschaftskonto 17, 28
Gläubigerwechsel 76

H

Hinterbliebenenschutz 88
Hypothekendarlehen 95, 142, 152

I

Indossament 36
Investmentfonds 84, 100, 104, 145, 148

J

juristische Person 15

K

Kapitallebensversicherung 60, 84, 101
KfW-Darlehen 151, 158
Kontoausschluss 75
Kontoeröffnung 12, 13, 15
Kreditkarte 12, 14, 17, 41

L

Lastschrift 40
Lebensversicherung 60, 84, 90, 101, 112, 147, 156
Lehrer-Treuhandkonto 21, 74
LZB-Scheck 38

M

Mietaval 136
Mietkaution 66, 136
minderjähriger Kunde 13

N

Nachlass 28, 31
Nichtveranlagungsbescheinigung 15
niedrigverzinsliche Anlagen 70, 114

O

Orderscheck 36

P

Pfändung 27
Pkw-Finanzierung 129
Plussparen 61

R

Reihenhaus 150
Rentenfonds 114
Rentenversicherung 97, 111, 147, 156
Risikolebensversicherung 90

S

Scheck 38
SCHUFA 9, 12, 49, 127
Sicherungsübereignung 130
Sparbrief 31, 109, 138
Sparklub 71
Sparkonto 21, 23, 29, 60, 63, 65, 70, 72, 75, 77, 117
staatliche Förderung 54, 60

T

Termingeld 65
Testament 29, 31
Testamentsvollstreckung 31
Treuhandkonto 21, 75

U

Überschusssparen 61, 63
Unfallversicherung 54, 60, 63, 90, 93
Unterlagen 11, 16, 137, 142, 149, 153, 158

V

Verein 15, 42
Vermögensverwaltung 70
vermögenswirksame Leistung 55, 56, 95
Verpfändung 67, 138
Vollmacht 16, 17, 19, 30
Vormundschaftsgericht 23, 25

W

Wertpapierdepot 17, 26, 31, 70, 104
Wertpapierhandelsgesetz 50, 55, 58, 63, 70, 84, 87, 93, 98, 102, 104, 105, 120
Wohnungsbauprämie 79

Z

Zahlungseingang 33
Zession 130
Zielbewertungszahl 146
Zinsabschlagsteuer 15, 73, 75

Fit in Prüfung & Praxis!

Wolfgang Grundmann,
Klaus Schüttel
Prüfungstraining für Bankkaufleute: Wirtschaftsrecht, Arbeitsrecht, Sozialrecht
Über 300 handlungsorientierte Fälle und Aufgaben mit Lösungen
2000. XII, 312 S.
Br. DM 44,00
ISBN 3-409-11586-2

Wolfgang Grundmann
Prüfungstraining für Bankkaufleute: Bankwirtschaft
Über 650 Aufgaben und Fälle kundenorientiert lösen
2. überarb. u. erw. Aufl. 2000.
XIV, 477 S. Br. DM 44,00
ISBN 3-409-29792-8

Gerhard Lippe, Jörn Esemann, Thomas Tänzer
Das Wissen für Bankkaufleute
Bankbetriebslehre, Betriebswirtschaftslehre, Bankrecht, Wirtschaftsrecht, Rechnungswesen, Organisation, Datenverarbeitung
8., neubearb. und erw. Aufl. 1998.
XXVIII, 1118 S. Br. DM 82,00
ISBN 3-409-47042-5

Wolfgang Sommer
Ausbildungskompass Bankkaufleute
Tipps, Hinweise, Vorschriften und Regeln für die erfolgreiche Ausbildung und Prüfung
1999. 128 S. Br. DM 26,00
ISBN 3-409-19720-6

Jürgen Krumnow,
Ludwig Gramlich (Hrsg.)
Gabler Bank-Lexikon
Bank - Börse - Finanzierung
12., vollst. überarb. u. aktualis. Aufl. 1999.
XVI, 1477 S. Geb. DM 148,00
ISBN 3-409-46112-4

Gerhard Lippe
Übungen für Bankkaufleute
Über 590 programmierte Fragen mit mehr als 3.500 Antworten zu den Gebieten Wirtschaftslehre, Bankbetriebslehre, Außenhandel, Auslandsgeschäft, Rechnungswesen, Organisation und Datenverarbeitung, Geld, Wirtschaft, Währung, Politisches Grundwissen
6., überarb. und erw. Aufl. 1999.
XII, 263 S. Br. DM 39,80
ISBN 3-409-47043-3

Änderungen vorbehalten. Stand: November 2000.

Gabler Verlag · Abraham-Lincoln-Str. 46 · 65189 Wiesbaden · www.gabler.de

MIX
Papier aus verantwortungsvollen Quellen
Paper from responsible sources
FSC® C105338

If you have any concerns about our products,
you can contact us on
ProductSafety@springernature.com

In case Publisher is established outside the EU,
the EU authorized representative is:
**Springer Nature Customer Service Center GmbH
Europaplatz 3, 69115 Heidelberg, Germany**

Printed by Libri Plureos GmbH
in Hamburg, Germany